BRÈVES DE COMPTOIR 1997

Michel Lafon

103, boulevard Murat – 75016 Paris

DU MÊME AUTEUR

Merci Bernard, en collaboration, éd. Balland, 1984.
Sita-Java, avec Jean Teulé, éd. Glénat, 1986.
Hitler = SS, avec Vuillemin, éd. Zéro, 1987.
Autopsie d'un nain, roman, éd. Ramsay, 1987.
Brèves de comptoir, éd. Zéro, 1987.
Brèves de comptoir, éd. Michel Lafon, 1988.
Tue-Tête, roman, éd. Bernard Barrault, 1989.
Palace, en collaboration, éd. Actes Sud, 1989.
Brèves de comptoir, éd. Michel Lafon, 1989.
Brèves de comptoir, éd. Michel Lafon, 1990.
Brèves de comptoir, éd. Michel Lafon, 1991.
Brèves de comptoir, éd. Michel Lafon, 1992.
La Carte des vins, roman, éd. Michel Lafon, 1993.
Brèves de comptoir, éd. Michel Lafon, 1993.
Vous me croirez si vous voulez, bio Prof Choron, Flammarion, 1993.
10 000 Brèves de comptoir, Tome 1, éd. Michel Lafon, 1994.
Les Coccinelles de l'Etna, roman, l'Arpenteur-Gallimard, 1994.
Brèves de comptoir, éd. Michel Lafon, 1994.
Brèves de comptoir, théâtre, grand prix de l'humour noir, éd. Michel Lafon, 1994.
Brèves de comptoir, éd. Michel Lafon, 1995.
10 000 Brèves de comptoir, Tome 2, éd. Michel Lafon, 1995.
Brèves de comptoir, éd. Michel Lafon, 1996.
Chiens de comptoir, avec Blandine Jeanroy, éd. Michel Lafon, 1996.

Jean-Marie Gourio

BRÈVES DE COMPTOIR 1997

À tous ceux qui n'arrivent pas
à se lever le matin.
À tous ceux qui n'arrivent pas
à se coucher le soir.

Suivez le peintre !

L'œil se pose sur une gravure fixée au mur, c'est une reproduction du château de Fontainebleau, dans les tons pastel, on y voit le château et devant le château un lac dans lequel il se reflète, il s'y reflète aussi le ciel plein de nuages blancs, grisés à leur base. Une dame en robe longue bleue regarde l'eau en tenant une enfant par la main. L'enfant tient un cerceau dans sa main gauche. La femme et l'enfant regardent un voilier passer sur l'eau. Les nuages passent sur l'eau. Un grand pin ferme l'image sur la droite. Le cadre est blanc, en plâtre, avec des moulures qui retiennent de la poussière. La gravure et le cadre sont fixés sur le mur peint laqué jaune, la peinture est datée, craquelée, un peu graisseuse et dans cette couche s'est accumulée une teinte fumée qui doit provenir des cigarettes. Le carrelage au sol est blanc et rouge, fait de carreaux hexagonaux. Le plafond est bas. Un néon zigzague sur toute la longueur de la salle. Sa lumière jaune tombe sur le zinc orangé. Une barre de bois rond court tout le long du comptoir de bois clair mouluré un peu comme le cadre de plâtre. Sur cette barre de bois, on peut poser son pied. Sur le comptoir on voit une boule de métal avec un couvercle coulissant dans lequel se trouve le sucre. Il y a une pompe à bière « triple bec » avec des publicités pour trois bières, une brune et deux blondes. Le percolateur est de petite taille. Au-dessus de lui une glace peinte, une dame en robe longue et grand chapeau porte un bouquet de fleurs, renvoie l'image des bacs à eau, des verres et des torchons, l'image d'une boîte en plastique dans laquelle on a mis à tremper dans un peu de lait du gruyère râpé, celui qu'on rajoute au dernier moment sur les hot dogs. Une bouteille de whisky, prise tête en bas dans un cerceau métallique blanc, brille. Sur une bouteille de pastis, elle aussi tête en bas, une main a collé la photo d'un chien. Le chien a les yeux rouges à cause du flash de l'appareil. Il est assis sur un fauteuil. Un appuie-tête en laine protège le haut du fauteuil. Le chien a un canard entre les pattes, un petit canard vivant. Les autres bouteilles sont alignées sur les étagères. Le sirops rangés tous ensemble, grenadine, citron, menthe, cassis, mandarine. Un peu du sirop a coulé et séché sur le col des bouteilles. La grenadine est presque vide. La mandarine est presque pleine. La menthe à moitié. Le citron pas encore entamé. Un escargot en terre cuite sépare les sirops des alcools. C'est un écureuil qui sépare les alcools blancs, la poire et la mirabelle des autres alcools, le calva, le marc, la prune, la mandarine alcool et la noisette. Entre la bouteille de noisette et le seau à champagne Mercier, une grenouille en porcelaine sert ranger les stylos dans sa grande bouche ronde. Une bouteille de champagne vide dépasse du seau à champagne en fer blanc. La salle se reflète en rond sur le seau. Les portes sont rondes. On lit WC à l'envers. Le plancher est rond. Le plafond fait aussi un arrondi. Le mur du fond a été recouvert d'une grande image de montagne, un chalet se reflète dans l'eau d'un petit lac, la montagne s'arrondit sur le seau, le lac fait une tache à peine visible et le chalet ressemble à un champignon. Une plaquette de produit contre les mouches dépasse du seau. Une mouche morte a séché pattes en l'air devant la grenouille en porcelaine. Il y a aussi un oiseau de feutrine sur une plante en plastique. Le soleil a décoloré l'oiseau. Le temps a décoloré la plante. *Il volera plus celui-là!* dit un homme en tenue de peintre. l'homme porte une salopette blanche pleine de taches de couleurs. Il est accoudé au zinc. Il tient un verre de bière dans sa main droite. Ses mains sont épaisses, avec du plâtre sous les ongles. Du plâtre, on en retrouve en croûte sur ses genoux, sur la pointe de ses chaussures et pris dans les moulures de ses semelles. Il a de la peinture blanche sur le haut de son crâne. Sa moustache est grise. Ses yeux sont bleus. Il sourit. Il aime son métier. Il voudrait bien que ça dure tout le temps. Peintre. Et boire un demi en se moquant de l'oiseau ! Le patron ne répond pas. Il lit son journal télé. Il veut le silence.

Avant, pour que l'œil se pose sur la gravure fixée au mur, sur la reproduction du château de Fontainebleau dans les tons pastel, il fallait dire à René de se pousser, à son frère de se baisser, à son gamin de descendre de la chaise sinon ça allait mal se terminer ! Il fallait faire toute une police pour que les têtes s'écartent ! Et se retournent ! Et la regardent cette fameuse reproduction ! Alors ça fusait de partout ! *T'as trouvé ça à la décharge ! Ce machin-*

là, je le mettrais même pas dans mes cabinets ! T'as trouvé ça dans une pochette surprise ? Le marchand avait dit, *c'est très beau, on y voit le château et devant le château un lac dans lequel il se reflète, il s'y reflète aussi le ciel plein de nuages blancs, grisés à leur base, une dame en robe longue bleue regarde l'eau en tenant une enfant par la main, l'enfant tient un cerceau dans sa main gauche, la femme et l'enfant regardent un voilier passer sur l'eau, les nuages passent sur l'eau, un grand pin ferme l'image sur la droite, alors, vous le prenez ?* Le patron avait dit, *le cadre blanc, en plâtre, avec les moulures, ça va tout me retenir la poussière !* Le marchand qui passait dans tous les cafés du coin avait dit, *sur votre mur là ça sera joli ! Sur votre mur peint laqué jaune,* il avait ajouté, *sur votre peinture toute fraîche !* Les clients avaient ri ! Ceux de la tuilerie avaient ri ! Ceux des usines de voitures avaient ri ! Ceux des hauts fourneaux avaient ri ! Ceux des mines avaient ri ! Ceux des textiles avaient ri ! Y'en avait du monde pour rire dans ce café fraîchement repeint et décoré ! et les Ritals ! et les Espingouins ! et les Polaks ! et les Bougnoules ! et les Boches ! et les Ruskofs avaient ri ! Le carrelage blanc et rouge, fait de carreaux hexagonaux, pour le voir, fallait pousser des centaines de pieds ! Des pieds plein de boue, ceux des tourbières ! Des pieds plein de chaux, ceux des cimenteries ! des pieds plein de sciure, ceux des scieries ! Le patron avait fait mettre un néon pour illuminer toutes ces têtes qui savaient quand elles avaient soif où traîner leurs pieds ! La lumière zigzaguait sur toute la longueur de la salle ! Une lumière jaune sur le zinc orangé ! Et aussi une barre de bois rond tout le long du comptoir de bois clair pour poser les pieds ! Et un oiseau en feutrine dans la plante pour faire joli ! *Celui-là, le chat le mangera pas !* dit le peintre en salopette blanche pleine de taches comme des plumes de couleurs. Le patron ne répond pas. Il lit son journal télé. Il veut le silence. Il est assis au bout du comptoir sur un tabouret de bois. Il a posé son journal sur la caisse et lit en tendant son cou. Les bras tendus, les deux mains plantées sur les genoux. *À plus tard !* dit le peintre en salopette blanche au patron qui relève furtivement les yeux et lui répond, *à plus tard.* Le peintre plein de couleurs ouvre la porte, sort sur le trottoir et s'envole dans le soleil de midi quand le téléphone sonne. *Allô ! Oui, j'écoute,* dit le patron en regardant devant lui, *ah ! désolé monsieur, mais René vient juste de s'envoler !* Puis il raccroche. Se sert un verre de vin et ouvre à nouveau son journal télé en râlant. On l'entend dire entre ses dents que, *franchement, c'était mieux avant !*

Gourio

Il y a ceux qui parlent juste à côté de vous.

Il y a celui qui gueule plus fort que tout le monde.

Il y a le brouhaha continuel des buveurs

Il y a celui qu'on n'arrête plus.

Il y a le causeur du bout du bar.

Regardez les cités Mayas, la qualité par rapport à nous...

... je le sais, je
l'ai entendu dire
personnellement.

Il n'y a pas de grande ou de petite cuisine, il y a la bonne ou la mauvaise...

La musique, c'est une langue universelle, tu peux faire chier la terre entière si tu joues mal.

Saint-Tropez, c'est le grenier à bites de la France.

Il travaille une semaine de jour, une semaine de nuit, une semaine il rentre saoul le matin et une semaine il rentre saoul le soir.
– C'est fatigant comme rythme.

En général, je le remets à l'eau mais celui-là je l'avais attrapé par l'œil, alors on l'a mangé.
– Parce que vous, vous respectez le poisson.

... On a rien fait de mieux depuis la 2 CV Citroën.

L'hérédité, ça marche pas pour le sexe, j'ai eu que des filles et jusqu'à preuve du contraire suffit de regarder je ne suis pas une fille, alors ?
– ...
– Je sais ce que je dis tout de même.

Dans certaines banlieues, un Noir par personne !

... la radioactivité se concentre dans les champignons, ils vont dans les bois avec un compteur, et ils en trouvent des cageots et des cageots ces connards de Tchernobyl...

... faut pas nous prendre pour des cons non plus.

Je lui ai roulé sur le pied pendant qu'il pissait sur la voiture putain je l'avais pas vu, je faisais attention de pas me tromper de vitesse pour pas reculer parce que j'avais Pascal qui chiait derrière, je l'avais dans les phares de recul.
– Elle est bien cette boîte ?
– Surtout ce qui est pratique, c'est le grand parking.

La France marche pas, alors pourquoi l'Europe ça marcherait ?

J'avale la fumée que d'un côté, j'ai un poumon non fumeur.

Qu'on nous laisse mourir de ce qu'on veut si on a choisi ! Pourquoi ils veulent pas qu'on fume ? J'ai un ami qui est mort de la sclérose et pourtant il fumait pas des plaques !

On a ri quand mon frère a fait tomber le couscous.
– Vous êtes pas comme nous vous les Arabes.

Le matin, je m'emmerde...
– Heureusement qu'il y a le soir.

La philosophie, j'en fais pour le plaisir mais j'en ferais pas mon métier.
– C'est payé mes couilles en plus.

Je sais pas ce qu'il fait comme travail mais quand il parle, on comprend rien.
– C'est un gentleman détective, c'est ça que j'aime chez lui.
– Il est de quand ?
– Il est de ma génération, on a le même âge.

Les animaux sauvages ne se cachent pas pour leur sexualité mais n'empêche que ils arrêtent de s'enculer si ils sentent l'homme.

Brassens, c'était autre chose !

Les vieux ont des grandes poches.

... **d**epuis les frères Lumière, ça piétine.

Q*u'est-ce qu'elle est belle cette femme !*
– Qui ?
– Tu veux un œil toi connard de merde ! Elle ! Là !
– Chut.
– Pauvre merde !
– Chut.
– Elle est belle !
– Chut !
– Elle est belle !
– Chut !
– Enculé !
– Chut !
– Mais non madame, restez.
– Salope !

Courteline et Labiche, tu parles, là-dedans, c'est que du baratin....

Les nudistes, faut les voir comme ils te regardent quand t'es avec un slip, c'est comme si t'es le Masque de fer.

Les plus beaux tatouages, c'est les vitraux de Notre-Dame.

Des Paoli, y'en a pas qu'un.

Cap sur Istanbul !

Istanbul c'est pas par-là, c'est dans le sud.

J'ai jamais quitté Les Sables-

On a pas le droit d'expulser les gens pendant l'hiver.
– C'est des excuses à la con, ce matin je suis sorti comme ça sans le pull et j'ai pas froid.

C'est pas à moi à chercher mes clefs, c'est à mes clefs à me chercher.

Une prune.
– À boire ou dans la gueule ?

On a bu comme des trous, j'ai la bouche, on dirait un coup de pelle !

... Un jeune qui a fait une connerie parce qu'il a pas de boulot faut pas le mettre en prison, faut le mettre maton qui est de la prison mais en plus avec un boulot.

Le métro aérien c'est quand même pas l'avion, t'as pas le plateau-repas.

Pour acheter des conneries qui servent à rien, la fausse monnaie, ça suffit bien.

... Si ça se trouve, toute la monnaie est fausse...

La vie est dure.
– Les temps sont durs.
– Oui, les temps aussi.

d'Olonne.

– Bravo.

Robin des Bois chiait dans les bois avec toute sa bande.

... il faut bien que la terre se défende, les maladies c'est la terre qui se défend...

J'en ai bu plein des coups là-bas le dimanche matin, à côté de la permanence, elle passait souvent Bernadette Chirac, elle est belle cette femme, avec ses cheveux.
– Y'a trop de bureaux et pas assez d'appartements pour vivre, on a plus qu'à vivre au bureau.
– Le bureau c'est fait pour travailler, c'est pas fait pour vivre, c'est une permanence, elle y vit pas.

Un accident à trois heures du matin, alors du coup, les pompiers se lèvent du lit pour moi, j'avais honte...

... tu peux pas la garder l'antimatière, t'en mets dans une éprouvette ton antimatière, adios amigos !

Ils font des greffes de foie de porc sur des humains, c'est au point.
– Là normalement la Sécu, elle a pas à gueuler, le foie de porc c'est quinze balles.

J'aime pas me voir en photo, on dirait un connard qui est content.

Quand on voit les livres des écrivains, franchement, tout le monde pourrait être écrivain, blabli blabli blabli...

C'est des moines qui marchent pieds nus sur des braises au milieu des crève-la-faim, c'est vraiment provoquer avec l'odeur...

... **m**on père il est rentré pas bourré, il était heureux, avec des moules et des fleurs, il a trouvé un travail.

J'ai vu un pot de lait tout à l'heure, il est où le pot de lait ? Il était là le pot de lait ! Il est où ?
– Je ne vous dérange pas ?
– Non non, il faut le faire le bidule.
– Quel bazar.
– C'est un bidouilli ce machin, pour moi tout seul je le déplace pas.
– Je finis et on y va.
– Prenez votre temps.
– Vous allez en faire quoi de ce bidule ?
– Un machin pareil, je ne sais pas, vous le voulez ?
– Ce truc ? Et j'en ferais quoi du bidule ? Ça va plus m'encombrer qu'autre chose un truc chose comme ça.
– C'est un machin, vraiment ce machin, il m'en aura fait voir...
– Je prends mon manteau.
– Allez-y parce que dans le garage fait pas chaud.
– Ça me rend pas mon pot de lait tout ça...

L'hindouisme se cherche encore.

Le Coca-Cola, ça ronge les pièces de monnaie, attention !
– Comme le Martini.
– Le Martini on est responsable de soi puisque on est adulte.

Un fleuriste, toute la journée il a la tête pleine de fleurs.

... il est tout maigre, il a les poumons en forme de trompette ce gamin.

... la chanteuse qui a des molaires devant, mais si, avec des molaires devant, la chanteuse...

Prout !
– Tu nous fais le bêtisier ce matin ? !

T'es sourd ou t'es muet ?

Le conseil que je donne, c'est de pas resaler quand on est à table avant d'avoir goûté au moins si c'est pas assez salé, sinon tu risques de trop saler en salant à l'aveuglette.

Attention, ils vont vous laver le cerveau !
– J'y vais juste pour demander des renseignements.
– Attention, ils vont vous laver le cerveau.
– Oui, eh ben, ça lui fera pas de mal !

Moi je suis mou et pour le judo c'est le mieux.

Il faut manger des croissants, ça fait les belles dents, il faut manger les tartines, ça fait la belle pine !
– Tu démarres tôt.

C'est bien d'oublier des choses pour se rappeler d'autres choses, on a le crâne en forme de vase et faut bien de temps en temps changer l'eau des fleurs !

L'être, le paraître...
– Avant on était, c'est tout, et ça marchait très bien.

Des milliards elle gagne cette chanteuse, des milliards ! On est bien des cons de lui acheter ses disques !
– Je les ai tous.
– Oui mais vous c'est pas pareil.

J'ai moins dix pour cent sur tout le magasin avec la carte Galeries Lafayette.
– C'est bien, quand vous irez, dites-moi.
– C'est une carte personnelle qu'on a à soi, d'ailleurs, normalement, je n'aurais même pas dû vous en parler.

Je me plains pas, j'ai une famille belle comme un kilo de cerises !

... je l'aime bien ce client parce qu'il est intemporel.

Il pue comme s'il était une région de marais !

***I**l a vu ma jambe, il a même pas tâté, il a sauté sur le téléphone pour l'hôpital.*
– Ils vous ont mis où ?
– Une intoxication du sang, la gangrène.
– À quel hôpital ?
– À Sens.
– Il est près de la gare ?
– Il est pas près de la cathédrale, de ma fenêtre je vois la cathédrale loin, le docteur a été bien.
– Il est pas à la gare ?
– Une infection qui est devenue urinaire.
– Il est à la sortie.
– Urinaire.
– Ah oui, avant la grande surface, ah oui...
– Il ne faudrait pas rater le car.

***M**a bite au banc d'essai !*
– Fais pas chier, pousse-toi.

Patatalo, c'est mon héros !

***T**u me prends comme un con ou quoi ?*
– Non Marcel ! Non !

Ne jamais acheter les yeux fermés, c'est ce que je dis toujours à ma fille quand elle vient me voir mais elle vient plus, elle dit que je l'emmerde !

***V**ous avez les oreilles décollées ?*
– Vous confondez.

Les anges ont pas de

Rien, je n'ai rien eu de l'héritage, avec les avocats on a essayé de tricher sur les papiers, je n'ai rien eu.
– Les avocats, ils sont chers, ils ne font rien.
– Vrai, c'est bien vrai, j'aurais aussi bien fait de tricher toute seule.

Les informations régionales ont une vraie fonction, les autres...

On peut rien

Un morceau de musique trop gaie ça fait mec qui bosse pas et trop triste ça fait mec qui déprime et qui cherche pas du boulot, de toute façon quand on écoute de la musique à la maison dans la journée on n'ouvre pas grand les fenêtres.

Une inondation en Inde, je vois pas qui ça peut intéresser ici, tu crois qu'en Inde ça les intéresse les inondations à Béziers ? Tu rigoles, ils savent même pas qu'il y a un Béziers sur terre...

Y'a encore du latin à l'école, ben putain !

Et à la cantine, ils leur donnent quoi ? !

trou du cul.

Si t'as pas de sexe t'as pas de trou du cul puisque ça va ensemble.

J'ai pas reconnu ta femme.
– Elle était bourrée ?
– Non non, moi.

On est moins civilisés que les Indiens d'Amazonie.
– J'ai pas une plume dans le cul moi !
– Ils ont une culture bien plus fine que nous.
– J'ai pas une plume dans le cul moi !

poser sur un plat ovale.

La Belgique sera la France avec l'Europe.
– La France sera allemande mais la Belgique sera la Suisse.
– Ah bon, vous voyez ça comme ça ?

Votre enfant ne vous ressemble pas du tout.
– Je sais, ma femme n'est pas une photocopieuse.

Va baver plus loin...

Qui c'est qui décide des génies ? ! Une fois de plus le gouvernement !

Au niveau de l'espace, le plus dangereux, c'est le soleil, le plus con, c'est la terre.
– Ah non, c'est la lune.

Ils vont dans l'espace avec une capsule, je les admire, une capsule même à la fête je monte pas dedans.

Dans ma famille, on est tous petits, vous êtes de quelle famille ?
– ?
– Vous êtes de quelle région ?
– La Bretagne.
– Ah non alors...
– Saint-Malo.
– Ah non.

C'est la même mémoire qui sert pour les numéros de téléphone et les camps de concentration.

Les États-Unis ont pas de passé alors que nous UN fromage, il a toute une histoire.

On a des charniers à la sortie de tous les petits villages de France, tu trouves ça beau toi ?
– Des cimetières.
– Des charniers ! La différence c'est quoi ?
– La petite photo sur la tombe.

Philippe Noiret, il a dix millions de chaussures.
– On le saura qu'il a des pieds ce mec.

Je suis écartelé entre mes deux cultures si vous voulez.
– En France, on a pas ça, on a d'autres problèmes un peu plus costauds figurez-vous mais pas ça.

Paulette, ça replaira un jour, c'est cyclique.

Les indigènes, ce qu'ils aiment, c'est les casquettes.

L'égalité entre les hommes, faudrait déjà qu'on nous demande notre avis avant !

Le monde est fou.
– Pas à Dijon !
Viens à Dijon.

Pourquoi les pédés vivent chez leur mère, logiquement, ils devraient vivre chez leur père.

Est-ce qu'il en dessine encore le vôtre des cristaux de neige à l'école ?

Les enfants sont plus vieux qu'avant...

Visite médicale ! Connards ! Une maladie ça se visite pas !

Elle a jeté son bébé par la fenêtre de la maternité.
– Il est mort ?
– Il est vivant.
– Et pourquoi elle l'a jeté ?
– Parce que, elle était sur le balcon en robe de chambre.

Trois paires de lunettes pour deux cents francs ! Des lunettes de vue pour n'importe quelle vue je m'en fous, c'est des occasions, avec ça sur le nez c'est bien pour chercher du boulot, pour l'employeur ça fait pas le branleur qui s'intéresse à rien, ça fait le gars qui regarde, ils aiment ça les employeurs.

Tu fous le pape dans les bois pendant un mois et s'il bouge pas trop, en dessous la robe on devrait trouver des cèpes.

Que le président de la République écoute ce que je dis au téléphone, ça ne me gêne pas, il peut même me téléphoner, ça ne me gêne pas.

Les écoutes téléphoniques, premier point, mais est-ce qu'ils ouvrent pas le courrier ? On le saura jamais... Moi des fois je trouve des lettres, limite limite d'avoir été lues, deuxième point, remarquez c'est pas grave, c'est des publicités.

Ça ne me gêne pas qu'on écoute mon téléphone, vous savez, pour ce que je dis...

Tu donnes de l'argent pour le cancer, ils se le mettent dans la poche.
– Maman, elle est morte d'un cancer, l'année d'avant sa mort encore elle a ramené un portefeuille trouvé devant un magasin, elle l'a donné à la caisse.
– Il faudrait mettre les cancéreux aux commandes quand ça concerne le cancer.

Quelqu'un qui est mort et qui ressuscite, c'est normal, mais quelqu'un qui n'a jamais existé et qui ressuscite, alors là, je sais plus.

Vous avez vu le froid aux États-Unis ? Moins cinquante degrés au thermomètre !
– C'est bien, ça va les faire maigrir.

Tu me trouves un boulon qui correspond, sinon, c'est pas la peine de revenir !

Pour du bon boudin, je fais deux cents kilomètres, ah si absolument.

Le seul avantage d'une pastille de merde, c'est que c'est tout petit.

C’est au service militaire que j’ai appris à me laver les pieds, sans le service militaire, je ne me serais jamais lavé les pieds.

Je préfère un président trop malade à un président trop en forme, en ce qui me concerne.

... au foot c’est tous des cons, à part le ballon.

Entre la tête et les pieds j’ai un degré de différence de température, pas vous ?
– Chacun a son corps humain.

Les diplômes servent à rien, moi par exemple j’en ai pas de diplôme, eh ben, on dirait que j’en ai.

Le service militaire, on peut dire le mal qu’on veut n’empêche c’est au service qu’on commence à picoler...

Les Américains font ça, ils tuent les condamnés avec une piqûre, non seulement on te tue, mais en plus t’as une piqûre.

Quand on habite au bord de l’eau, faut pas s’étonner d’être inondé, pas vrai ?
– Un mètre d’eau dans la cuisine !
– Les gens inondés, le mètre d’eau il est toujours dans la cuisine, et quand on habite à la montagne faut pas s’étonner de se retrouver sous l’avalanche, vous habitez dans le quartier, vous ?
– Près de l’église.
– Vous avez le curé chez vous ?
– Justement oui, des fois le dimanche dans la cuisine.

... le Nil...

Prosit !

Avec la drogue c'est de l'accoutumance alors qu'avec l'apéritif, c'est rien que de l'habitude.

Avec la drogue en vente libre, le drogué pourra faire son Loto chez le tabac de drogue.

... les gens n'aiment plus réfléchir.

... mais à la télé, tout le monde en fume du cannabis, sauf à *Trente millions d'amis,* et encore, c'est pas sûr...

Les machines ont remplacé ceux qui travaillent, mais vous verrez qu'un jour, elles remplaceront aussi ceux qui ne font rien.

Cinq cents chaînes, ça fait douze mille heures de télé par jour.
– Pour les gens qui sont tout seuls, après tout...

Au « Baby-boom » d'après-guerre a correspondu un « Apéro-boom » puisque tous les bébés sont arrivés en même temps ici.

Nous, on disait la capote, pas le préservatif, mais c'était l'époque où c'était pas encore un médicament.

Tailler ses crayons, c'est l'enfance de l'art.

La philosophie dans les cafés, la violence dans les lycées, c'était mieux avant quand c'était le contraire.

Les jeunes sont de plus en plus violents.
–Justement, c'est pas le moment de supprimer le service militaire.

C'est pas de la publicité, mais ce monsieur boit cinq ballons de côtes-du-rhône avant de prendre son train...

Si tu crois qu'il est payé au SMIC Chirac !

Plus tu as de chambres d'amis dans ta maison et moins tu as d'amis qui viennent dormir dedans.
– On peut pas tout avoir... le beurre et les amis du beurre.

J'aime pas me promener, je me promène dans ma tête, pour la boue aux chaussures c'est pas pareil c'est pas la même boue.

La Roumanie, c'est le bordel, il leur arrive ce qui arrive à tous les pays qui ont pas de routes.

... tout ça c'est cyclique.

Je pêche et je sais pas nager,

Il n'y a pas de limite d'âge pour le donneur.
– Et si c'est un vieux de soixante-dix ans qui donne ses reins ? !
– Tu les prends, t'as pas le choix, on te les greffe, si tu crois qu'on te présente le menu avant.

La psychologie, la philosophie, je mélange tout.

Il a neigé sur du mouillé, la neige n'a pas tenu et ça a fait de la boue.
– Le mouillé, c'est la hantise des enfants.

Ce sont nos voisins qui ont en un, le mongolien est heureux en HLM.

Le pire pour un mort à l'étranger, c'est le rapatriement du corps, et que je te cogne, et que je te cogne ! Et ça c'est pas le pire ! Encore faut-il retrouver le corps ! Et que je te fais semblant de chercher, et que je te fais semblant de chercher !

... On s'est fait chier toute la soirée, c'est un peu la note discordante.

Chez le nageur, c'est surtout la moelle épinière qui travaille comme dans le dauphin.

Ma femme, c'est ma banlieue.
– T'es d'où ?
– Huguette.

Les vaches sont pas racistes, et pourtant c'est pas les races de vache qui manquent.

L'ortie ça pique pour se défe

Une année-lumière fait douze mois comme l'année normale mais c'est lumière.
... janvier lumière, février lumière, mars lumière...

je suis un peu kamikaze.

... la tanche, ça mâchouille...

On se fatigue au boulot, et pourquoi ? Pour rien !
– M'en parle pas... ne m'en parle pas...
– Pour rien !
– M'en parle pas...

... Si tu crois que le chômage c'est pas fatigant !

On verrait en noir et blanc, on serait tous obligés de faire des jolis dialogues.

Tu l'as jamais fait, écrire ton nom en pissant dans la neige ?
– Si si, j'étais bon élève, je faisais les pleins et les déliés.

On aurait pas de la violence en nous, on se lèverait pas le matin.

Ils ne mangent pas, ils ne boivent pas mais ils travaillent.
– Depuis un an, je fais le ramadan à l'envers.

Il est très étonnant parce qu'à son âge, plus personne n'a les oreilles décollées.

... Ce sont de vraies œuvres d'art, les courges, et plus généralement toutes les cucurbitacées.

dre mais ça n'attaque pas.

Il est con, il ne comprend rien, il est trop cérébral.

Woody Allen, ou c'est génial, ou c'est nul à chier.

Je veux mourir bourré renversé par une voiture, dans mon sommeil.

Tout ce qui est virtuel m'intéresse.
– Il vous en faut pas beaucoup.

Et mon ballon ? On m'oublie ou quoi ?
– Vous devez en être fière de votre petite.
– Pas du tout !

Il est très hivernal cet hiver.

Elle est énorme, on dirait la fille à Vauban !

L'homme est violent naturellement, c'est biologique, c'est les cellules du cerveau, c'est dans la tronche.
– Qu'est-ce que t'en sais ?
– C'est dans la tronche.
– Qu'est-ce que t'en sais ?
– C'est le reste de la part animale de l'homme qui reste en nous.
– Ah là ! Oui ! Là d'accord ! Il faut expliquer aussi.

Je boirai plus avec un retraité du bâtiment !

Les derniers appareils tu peux bouger, la photo est pas bougée, les gens qui courent, les voitures.
– C'est pour photographier les grèves ton truc...

Tous les déserts sont habités.
– Eh ben, tant mieux pour eux !

Vous posez un avion par terre, tout de suite ça attire les autres avions.

Les animaux n'ont pas de dernier soupir, sauf le cheval.

La société la mieux organisée, c'est le plateau de fruits de mer.

... dans tout notre quartier, on est tous pareils, on est fiers d'être du quartier.

... de loin.

Sa boucherie, c'est un zoo à monter soi-même...

Le croissant au beurre, ça me va directement dans les cuisses.

Le Sylphide, c'est une espèce de beurre féminin.

... c'est vrai, c'est pas gras le confit, comme ils disent dans le film.

... merde alors !

L'Amérique n'a pas d'histoire.
– Deux cents ans.
– C'est rien.
– Ils ont vite fabriqué leur pays.
– Oui mais et le Moyen Âge, les guerres de religion, la Renaissance, la préhistoire...

Faut déclarer la Corse réserve meurtrière !

Le travail n'a plus de valeur, c'est pour ça qu'il y a le retour du bricolage.

Ça se voit pas que t'es intelligent.
– Je m'en fous, ça se voit sur personne.

J'ai de très bonnes relations avec tout le voisinage et même avec certains...
– ?
– Des...
– ?
– Comme mon sac...
– ?
– Comme le café... des... des Noirs...

... Pareil que pour les montres à quartz, moi Internet j'attends.

Nous les jeunes on travaille pour les vieux mais en contrepartie le travail des vieux c'est de s'occuper de mourir de vieillesse et comme ça, nous, on a pas à s'occuper de ça, pour l'instant.

Les petits rideaux, dans la cuisine et les gros rideaux, dans le salon, c'est militaire chez nous.

Premièrement, en mer, faut pas être malade.

L'ordinateur de bord, l'autoradio, la boîte à gants, et où on va mettre les jambes à force ? !

Cent vingt ans de vie, ça lui fait combien de milliards de morts autour d'elle à cette bonne femme ?
– Elle fête ses cent vingt-deux ans.

Il est mort.
– Décédé.
– Exact la nuance, c'est vrai qu'il était plein de fric.

La vie, faut que ça s'arrête, sinon ça ne s'arrête pas et c'est comme la mort.

Je mange pas chinois, c'est pas pour parler anglais.

L'homme a de moins en moins de spermatozoïdes, après faut pas s'étonner qu'on supprime l'armée.

Plus de boulot.
– Plus d'armée.
– On peut plus faire grève, on peut plus déserter.
– Ils ont tué l'indiscipline.

Sur les manèges t'as plus les cochons, t'as que des fusées.
– Square des Batignolles, t'as les cochons.
– Oui, mais dans quel état aussi... faut voir comment ils entretiennent les fusées et comment ils laissent les cochons.
– Un cochon, t'as rien à faire dedans comme entretien.
– Faudra pas venir pleurer sur les cochons qui se dévissent, d'ailleurs ils les laissent se rouiller exprès pour les changer de toute façon les gosses montent que dans les fusées.
– Si les gosses aiment que les fusées, après tout, c'est normal de laisser tomber les cochons.
– Ah non ! il faut entretenir à égalité par respect pour le manège, les gosses plus tard remonteront sur le cochon, quand la mode idiote sera passée, ils seront bien contents d'en trouver...

La couleur des blés, elle est pas aux poètes, elle est aux paysans...

Le meilleur fusil pour tuer le temps c'est le chat.

La molécule, si ça c'est pas du branlage de mouche !

Il y en a tellement des gènes, tellement...

Les gens heureux les gens malheureux, c'est pas la peine de leur mettre des pancartes, le lendemain ça a changé tu sais plus qui est quoi...

En leur nourrissant un globule rouge sur deux, tu économises un repas par jour et tu peux sauver plein de petits Noirs en attendant mieux.

Quand est-ce que vous venez manger à la maison ?
– J'ai pas fini ma bière.
– Non mais un jour...

Tuer un autiste c'est rien, c'est comme si tu marches sur un champignon.
– Sans l'armée, on va en faire quoi des casernes ?
– Des HLM.
– On prend vraiment les pauvres pour des cons.
– Tuer un autiste...
– Tu nous fais chier avec tes autistes... qu'est-ce qu'il a avec ses autistes aujourd'hui ? T'as mangé un autiste ?

Il est tout le temps affalé sur le canapé devant la télé ! À seize ans, il a déjà sa rigidité cadavérique.

... le tiers monde, ils meurent, ils meurent, ils ne savent faire que ça. Un cimetière d'un hectare rapporte plus à une commune que la même superficie en blé mais on va quand même pas planter des morts, non...

On est obligé de reconnaître que c'est macho comme milieu les analyses de pisse, c'est que des femmes qui trempent les petits buvards.

Plus t'es petit et plus tu respires de la pollution, Chirac qui fait presque deux mètres, il s'en fout pas mal, c'est pour ça qu'il nous faudrait un nain comme président.

Pour opérer du ventre ils pourraient passer par le cul, ça éviterait bien des problèmes de recousure.

Le violeur était un bon père de famille. – Les bons pères de famille, faut s'en méfier, c'est eux qui couchent les gosses.

Les danseurs classiques qui dansent pour leur plaisir, c'est les mêmes que tu retrouves à poil sur leur balcon le matin.

... la neige, en ville, ça nous complique plus qu'autre chose, à la campagne c'est joli mais en ville pour rouler, ça nous complique, regardez comment la neige reste, regardez, personne ne l'enlève, c'est entre les mains des Juifs, je n'ai rien contre, au contraire, mais les journalistes de la télé, de la radio, tous les hommes politiques sont financés par eux, je paye mes redevances, comme tout le monde, je ne suis pas contre eux, c'est même une race supérieure à nous, regardez comme ils sont à la télévision aux informations, ce sont eux les plus grands journalistes de métier, ils ont fait renvoyer tous les Arabes d'ailleurs des postes de commande, je vous parlais de la neige et voilà, on en revient à parler d'eux, une fois de plus...

Souvent je mets la robe rose parce qu'elle est fantaisie mais c'est quand même pas un drame, et il me traite de déguisée en capote ! Il aime pas quand je suis belle, quand je suis belle il me traite d'étrangère !

Suicidaire mais en buvant des bons produits, ça peut durer trente ans !

Ça se voit facilement quand le sportif est dopé, il gagne plein de fric.

La gendarmerie, c'est le même bleu que votre plafond.
– Je regarde jamais le plafond, pas le temps monsieur.
– Je vous le dis.

Ce que je préfère aux Restos du cœur, c'est la viande hachée.

Ils arrêtent les voitures en pleine nuit, non mais vous m'entendez, en pleine nuit, non mais ils ne dorment jamais les gendarmes, heureusement, une chance, j'étais au lit.

Le cyber-sexe, tu te fous une lampe de poche au bout de la bite, c'est pareil.

Ni bonjour quand je rentre dans l'immeuble ni au revoir quand je m'en vais, ce gardien, je vous jure, un mérou serait plus poli.

Le mérou, c'est le poisson le plus poli.

Tu as le droit de dormir dans ton propre escalier si tu es locataire depuis plus de cinq ans.
– Où t'es allé chercher ces droits du locataire ?
– Je le sais.

T'avais un coup dans les carreaux.
– Moi ? C'est pas mon style.

Les traîneaux à chiens, ils leur mettent de l'essence dans les boulettes.

Le Danois qui a un cancer du fumeur, tu le bouffes comme du hareng.

Le reflet du château sur l'eau

Allez hop... tabac, loto, boulot.

Monsieur Lazare a besoin de ses chaises, alors tu les rends !

Il a bu, il est parti sans payer.
– Ça arrive, des fois on y pense pas.
– C'est la deuxième fois, attention, et ça n'est pas un acte isolé, son fils pareil !

Les pauvres, je les reconnais, ils ont un peigne dans la poche.

Le PSG, ils sont trop nourris.

Un oiseau qui fait bien carnaval, c'est le dindon.

Le thé dansant, c'est souvent thé bandant.

Internet, c'est le même réseau que dans le cerveau mais mondial... comme des cerveaux partout attachés entre eux...
– C'est la ronde des abats ton truc.

C'est un caméléon ce mec, je bois, il boit.

Vermeer, c'est joli, ça sent pas la peste comme peinture.

si tu sais décoller ça,

tu vends ça.

... il est sous l'empire de l'alcool, c'est l'empereur comme on l'appelle.

Ça sent bon, ça donne faim.
– C'est le pouvoir des odeurs, madame.

Ils ont l'air fin cette tribu avec leur zizi dans un tuyau d'arrosage !

La France, c'est un pays de nudistes.

On ne peut pas intéresser des mômes à la lecture avec du Maupassant.
– Maupassant, c'est pas d'hier en attendant.

Ça doit sentir bon un P.-D.G de brasserie.

On te retire de sous l'avalanche pour te mettre dans la terre ! je vois pas l'avantage, enseveli, c'est plus joli que enterré et en plus enterré, c'est payant.

J'ai quatre vrais amis que je compte sur les doigts de la main, et le pouce... je sais pas qui c'est.

Y'a des cons partout, et y'a des gens extraordinaires partout.
– Duras, j'en ai lu et puis après j'en ai plus lu, maintenant qu'elle est morte je vais peut-être en relire et après, j'en lirai plus, c'est comme ça que j'ai toujours fait avec Duras...
– Elle, elle est bien, sans plus.

Les scientifiques ont souvent rien qu'un petit pois dans la tronche, ils ne voient pas plus loin que le bout de leur nez.

On peut mettre beaucoup plus de choses dans l'espace que dans le temps, question place.

On piétine, on piétine, j'ai horreur de ça moi...

Je vais arrêter de mettre des croquettes pour les chats du quartier, l'hiver est fini, je ferme, comme les Restos du cœur.

J'ai pas pesé mes tomates, il a fallu que je refasse TOUTE la queue.
– On vieillit on se demande comment.

En Chine, y'a pas les droits de l'homme et ça les empêche pas d'être des milliards...
– Moins t'as les droits de l'homme, plus t'as d'hommes, c'est recta.

Le cinéma français marche très bien en ce moment, surtout le comique, les gens ont envie de rire parce que c'est la crise.
– Se cacher dans le noir pour rire, alors là vous avez raison, ça sent la crise.

Flaubert, c'est une espèce de Depardieu en fait.

T'as dormi ?
– Quand ?
– Hier.
– Hier quand ?
– Hier soir.
– Putain, l'interrogatoire...

Les troubles du langage, pfu, tu te tais c'est soigné, qu'est-ce que tu vas dépenser des milliers de francs chez l'orthophoniste pour que le gamin il arrive à dire des mots que personne écoute.

Le dernier des cons, quand il rêve de cul il rêve d'une porte qui s'ouvre et toi, non ?
– Quand je rêve de cul, je rêve de cul.
– Un psychanalyste comprendrait rien à tes rêves.

J'ai le temps d'en boire une autre pendant que ma tache elle sèche, je peux pas sortir comme ça, on dirait que je m'ai pissé dessus...

La pluie, ça la fait friser comme une dictée à virgules...

T'es bien rentré ?
– Je suis pas rentré alors que j'étais parti pour un jus de tomate...

... Je t'en pose des questions moi...

Mon chien est mort et il était plus intelligent que toi !

Trouve un système anti-buée pour les lunettes et tu vas gagner du pognon !

Ce sont des monstres.
– Qui ?
– Je finis mon apéro et je téléphone... ben les Grecs !
– Mais non, on boira l'apéro là-bas et tu téléphones de là-bas.
– Je téléphone.
– Tu téléphoneras de là-bas, c'est un café où y'a le téléphone bordel, t'es con ou quoi ?!
– Ici aussi y'a le téléphone.
– Ici aussi mais là-bas aussi.
– Bon... d'accord... je téléphone de là-bas.
– Attends, on en boit encore un ici, il est urgent ton coup de téléphone et d'abord t'appelles qui ?

Fais une bise à ta mère, fais-la la bise, il aime pas sa mère, celui-là pour qu'il embrasse sa mère, il faut qu'elle se roule dans le sucre.

Le magnat de la presse, si tu lui achètes pas son journal, c'est le magnat de mon cul, moi je suis plus magnat que lui si j'achète pas son truc, il vient me manger dans la main le magnat !

Un Chinois sur deux est un vélo, même couleur, bleu, avec des roues.

Toute la nuit il se tape des morues et le matin il est frais comme un gardon...
– Mieux vaut rentrer sur trois pattes que sur quatre...

... Comme on dit...

La plus grande puissance à venir, c'est la Chine.
– La Chine, c'est pas les plus cons.

Les fax, ça a la même lumière verte que les vers luisants.

... Je laisse les clefs du taxi sur le comptoir quand je vais aux toilettes, j'ai confiance, si on a pas confiance alors c'est la fin de tout, je vais aux toilettes, je ressors de là-dedans comme un lion, ils les cachent alors une fois sous la piste de 421, une fois sous les journaux, c'est une chose que je ne ferais pas, je ne fais pas aux autres ce que je n'aime pas qu'on me fasse, les clefs des autres, je n'y touche pas, je sors des toilettes comme un lion, alors là faut pas me parler, on ne joue pas avec les clefs d'un véhicule surtout quand ledit véhicule est un outil de travail...

Il est énervé en ce moment.
– Il ne boit plus, il ne prend que des cuites de temps en temps.

Les poules très cons, on les mange quand même, d'ailleurs on ne mange que celles-là, parce que les poules intelligentes genre poules d'eau, personne en mange, et pour cause, ça ne s'élève pas, et comme on mange que ce qui ne s'envole pas quand on ouvre la porte...

J'ai repiqué mes poireaux, résultat, ça a fait venir le soleil.

Tout l'après-midi je me suis marché sur le pied, c'est pour ça que je pouvais pas partir.

Le tendron, c'est quel morceau dans le veau ?
– ?
– Le tendron.
– Le tendron, c'est un morceau dans le veau.
– Dedans, je me doute bien que c'est pas un morceau à côté du veau, mais où ?
– Dedans le veau, monsieur.
– C'est pas grave.

Je m'en fous que les jeunes se droguent mais attention, le lendemain, à l'heure au boulot, sinon c'est trop facile !

... Si les cons volaient, tu... même pas, tu t'envolerais pas tellement t'es con.

... le bébé tout fripé, un pruneau d'Agen, comme une vieille qui naît, j'ai dit qu'il était jeune comme bébé, j'ai été pris au dépourvu.
– Quand le bébé est très laid, on ne sait pas quoi dire.
– On ne peut pas se taire, tout le monde demande.
– Remarquez, quand personne demande c'est que là, vraiment, il est vraiment laid.
– Eh oui...
– Eh oui...

Regarde-la, elle a encore un enfant dans le ventre celle-là, elle doit être enceinte encore celle-là...

Le plus garde-à-vous, c'est l'asperge.

Il s'est fait tomber le ciment sur le pied, je le surveillais du coin de l'œil, il rêvassait le môme, il attendait que ça sèche.
– C'est difficile de trouver un bon stagiaire.

Le progrès ? Quel progrès ? On mange, on dort, on a toujours des maladies ! Quel progrès ?
– Et les avions ?
– Dans les avions, on mange, on dort, on a toujours des maladies, tu parles d'un progrès !

T'es à la Caisse d'Épargne ? Oui ? Alors que tu le veuilles ou non, t'es de l'écureuil.

C'est une rue très réaliste, avec tous ses magasins d'alimentation.

Un bon torticolis, tu peux

Chaud derrière !

Fils de saoul !

Par ici la monnaie !

On est tous des superflus.

Je suis pestiféré ? !

Lève tes pieds qu'on rentre à la maison !

Il buvait cinq litres par jour, même l'été.
– L'été, il y a la circonstance météorologique.

Il ne faut pas plaisanter avec le genou !

Venise, c'est la capitale de l'humidité.

La mondialisation dans notre village ça ferait du bien, y'a rien, le dimanche c'est chacun chez soi.

pas te torcher.

... pousse-toi ! Il a des coudes d'avion celui-là...

Maintenant, les faux billets, les fausses pièces, ils les fabriquent en même temps que les vraies, même si ça se trouve au même endroit.
– Moi je m'en fous du vrai ou du faux, du moment qu'on me le prend, par exemple, j'ai un bout d'intestin qui est faux, et alors, tu vois une différence toi.

On a trouvé plein de fossiles sur le chemin là-haut, c'est un chemin qui date pas d'hier ce chemin.
– Ce chemin, c'est une ancienne montagne.

Tu respires pas une fois dans ta vie et après tu arrêtes, tu respires tout le temps, eh ben la poésie c'est pareil, soit c'est oui partout tout le temps, soit c'est non jamais.
– C'est l'usine ta poésie.

... il finira par s'électrocuter cet électricien, il a tout le temps la goutte au nez.

Servie avec de la viande folle, la frite paraît très intelligente...

... le fou aussi, c'est de la viande.

Les vaches sont tombées malades en mangeant du mouton, comme quoi c'est plutôt le mouton qu'y faut pas manger, quand ta femme est malade avec les fruits de mer tu fous pas ta femme dehors, tu jettes les fruits de mer, de toute façon c'est pas possible que les vaches deviennent énormes en mangeant que de l'herbe, en mangeant que de la salade, on maigrit.

À la maison on mange du porc parce que le porc on sait avec quoi c'est fait.

Si vous prenez une viande bien tendre, vous n'avez pas de risque de tomber sur une vache folle puisque le nerf de la viande ne sert qu'à ça, à la transmission du chose... plus la viande a des nerfs, plus il faut se méfier du chose.

Manger du bœuf, quand t'es un gros con c'est du cannibalisme.

On a trop de viande en stock, en inoculant le microbe, les Anglais vont faire rembourser l'abattage de viande qu'ils auraient pas vendue si elle était saine, tout ça c'est magouille et compagnie, le microbe n'y est pour rien, le microbe au final, il est pro-anglais, c'est un microbe qui fait de la politique, c'est le même principe que l'aspirine, tu en achèterais de l'aspirine si tu étais pas malade, la maladie est un moteur à la consommation, mais bien sûr, comme le rhume et le grog, mais bien sûr voyons.

– Le rince-cochon du lendemain.

– Exactement, en plus dedans, y'a le mot cochon comme dans vache.

La viande tendre, c'est de la viande qui a été heureuse.

... en fait, c'est comme une petite corrida, la vache folle attaque l'homme mais l'arène est grande comme une assiette.

Moi, j'ai un copain boucher, il est tellement beau que dans sa boucherie on dirait que c'est lui la viande.

La viande, ça ramène plein de toxines, sauf le coq au vin qui ramène plein de copains...

Abattre quatre millions de vaches, même folles, c'est monstrueux, elles feraient de très bonnes débroussailleuses.
– Quand on voit ce que buvaient les cantonniers, ça peut pas être pire.

Dans tout le tas des vaches contaminées, y'en a bien une ou deux qui font semblant pour pas qu'on les mange.
– C'est humain.

La viande à manger, de toute façon, ça n'est pas bon, c'est de la vie morte.

... C'est le bon moment pour aller se promener en Angleterre, parce que si ils abattent quatre millions de vaches anglaises, ça va en faire des prés où on marchera pas dans les bouses.

La vache anglaise est folle, mais de toute façon, une vache qui est anglaise, c'est pas tout à fait normal.
– Anglais, français, pour moi, tous les biftecks méritent de vivre.

On mangerait directement les vétérinaires, on aurait moins d'ennuis.

La viande la plus folle, en ce moment, c'est le Corse.

... en salant bien la vache folle, vous éliminez les risques comme avec la morue...

Ce qui est joli chez la vache, c'est les cornes, tu lui enlèves ses cornes, on dirait une camionnette en train de rouiller dans le pré.

Les vaches anglaises sont devenues plus célèbres que les Beatles...

On creuse notre tombe avec notre fourchette et à la fin on prend la cuillère.

Le microbe se met dans la viande, et quand il est dans la viande il conduit la vache n'importe comment.
– Quand j'ai bu, vous me ferez pas conduire une vache.

... C'est une folie, mais c'est une folie qui n'est pas une folie comme on comprend la folie, c'est pas la même folie que l'homme, c'est une folie normale en fait.

Même si on les mange pas, on a qu'à en faire des cartables.
– Elles vont êtres belles les notes.

Les vaches folles, tu parles, et de toute façon, la viande est toujours folle, c'est comme ça qu'elle vit.

On les tue, on les empaille et on les met sur les pelouses des grandes cités... décoration !
– Pour que les jeunes foncent dessus, tu parles.

On élèverait pas les vaches folles, elles seraient moins cons.

Je veux pas faire des gosses pour pas les ajouter à ce monde pourri !

Il faut manger des légumes, on a jamais vu un légume avec de la fièvre.

Les Américains pensent qu'au fric, ils se font des électrocardiogrammes pour trouver du pétrole.

Si les vaches étaient minuscules et couraient sur les murs comme des araignées on en mangerait pas, je vois pas pourquoi on les mange alors qu'elles pèsent la moitié d'une tonne et qu'on mangerait pas des araignées d'une tonne !

À la charcuterie, aucune viande n'est malade, mais attention, faut voir comment c'est propre.

... je comprends les femmes des fois.

On est trop nombreux sur terre, faudrait tirer les rallonges.
– Le million ! Le million ! Le million !
– Zéro.
– L'enculé ! L'enculé ! L'enculé !
– Il devient quoi Franck Fernandel ?
– Quatre grammes, sur l'autoroute.

Bernard Pons !
Bernard Pons !
Bernard Pons !

Il achète son Millionnaire ici et il va le gratter dans une église... remarque à la limite, si il gagne...
– Au Tibet, ils sont croyants, et même trop.
– C'est pas un Tibétain.
– Un Japonais, c'est pareil.

... elle est à l'écouteur, je te la passe.
– Allô maman, on téléphone d'en face la poste.
... de la poste.
– Allô maman, on téléphone de la poste en face.
... fffffff...

Cent chaînes de télé, moi je les regarde.

Une cloche de dix tonnes ne joue qu'une seule note, moi dans les clochers j'aurais mis des harmonicas.

Les droits de l'homme, tu parles d'une connerie, on est même pas capable de prendre un nègre en stop !

Le cinéma, j'aime ça quand il est bon.

Je mange cent grammes de cheval tous les quinze jours avec une feuille de laitue, c'est pas la peine de tuer un cheval pour moi, c'est pas la peine non plus d'arracher la salade.

Dis donc, t'es virtuel au boulot toi en ce moment !

Ben ? T'étais où ? Et le camion ? Et les meubles ?

Et Gilbert ?

J'ai été enlevé par des extraterrestres.

Plus t'as d'hommes et moins t'as de droits de l'homme, ça, c'est couru d'avance.

Pour voir une petite fille en Chine, faut creuser avec une pelle.

On vend des avions aux Chinois, et après on se plaindra qu'ils volent tout partout comme des moustiques.

Le nucléaire, en attendant ça nous a permis la radio des poumons.

À Tchernobyl les enfants naissent avec quatre bras, c'est bien, ça leur fait des travailleurs qui ont pas beaucoup de bouches.

Les fuites nucléaires, ça donne des nuages radioactifs alors que les fuites solaires, ça donne rien que du beau temps.

Derrière le Loto, t'as pas un miracle de l'Église qui tient le coup.

La clef de la bonne santé, c'est le yaourt.

J'avais laissé un bout de jambon dans la grange, il était tout plein de crottes de souris, vous saviez que les souris étaient carnivores ?
– Ça mange les oreilles des petits enfants, ça peut bien manger du jambon.

Le chocolat, j'en mange, et regardez, je suis grosse.

Le chocolat aussi, c'est une drogue, à haute dose.

C'est pas seulement l'alcoolisme si je vais au café tout le temps, c'est ma nature profonde.

L'apéritif est mauvais conseiller.
– Quand je suis bourré, j'écoute personne.

Tous les ans j'arrive au boulot avec une heure de retard, jamais je me suis fait engueuler, j'espère qu'ils vont le garder le changement d'horaire...

Giscard, tu le piétines, il lui sort du dentifrice du cul.

... il y a un esprit jazz.

Quand on se tait, c'est pas la même façon de penser.

... deux arbres avec des feuilles sur l'avenue Paul Riquet, et les autres ils ont pas de feuilles, pourquoi qu'il y a que deux arbres avec des feuilles et les autres non, sur l'avenue Paul Riquet ?

Tapie, plus il a des emmerdes, plus il est à la mode, c'est un peu style Jésus comme mec.

C'est pas de la rillette ça ! Voleur !

Avec les télés numériques, y'aura tellement de présentateurs qu'on leur mettra un numéro à la place du nom...
– Ils veulent nous inonder d'images, c'est ça qu'ils veulent.

... il a beau dépenser cinq milliards par an, il aura toujours une mâchoire de pauvre le mec Tapie.

... les Chinois, c'est jaune et bleu comme les casquettes Ricard.

... les Chinois, c'est des Japonais de la campagne, en fait...

Avec Chirac, on aurait vendu des locomotives pour amener les Juifs dans les camps, d'ailleurs on en a vendu.
– Si on devait faire du commerce qu'avec les démocraties, on boirait même plus de vin corse.

Te gratte pas la bite au soleil, ils vont t'envoyer un sac de riz.

... le Chinois finira qu'il sera une sorte d'Arabe.

... en Chine, t'as que des rizières, et c'est pour ça que le Chinois mange du riz.

... les Chinois sont tous habillés pareil, après la piscine, personne sait reconnaître son slip.

... avec leurs yeux, ils peuvent pas voir en haut, ils peuvent pas voir en bas, ils voient qu'au milieu.

Sur un milliard de Chinois, t'as pas un seul Noir.
– Sur un milliard de Noirs, t'as pas non plus un seul Chinois.

... On serait un milliard de Français, y'aurait pas non plus des droits pour tout le monde.

Les Chinois, ils ont juste le droit d'être un milliard mais c'est déjà énorme comme droit.

Les droits de l'homme ça marche surtout pour les tyrans, c'est des hommes et ils ont tous les droits.
– Fais-moi gagner au Loto, tu vas voir comment les droits de l'homme je m'en fous !

C'est un tyran.
– Mais non, les tyrans sont barbus.

L'Amérique, d'accord, la Chine, admettons, mais l'Afrique...

Je comprendrai JAMAIS pourquoi les gens se garent mal.

Un demi !
– Oh dis donc, t'es en reprise toi.

Sur l'affiche du cirque y'a un éléphant, mais comme il n'y a qu'une petite camionnette, je sais pas où ils l'ont mis leur éléphant ?
– Tapie, c'est un ver de terre, tu le coupes en deux, t'as deux vers de terre.
– Tu sais où ils l'ont mis leur éléphant ?
– Il est pas plus pourri que les autres.
– Je sais, mais lui, il a chargé la mule !
– Tous pourris.
– Ils en ont pas d'éléphant ! C'est de l'arnaque !
– Une de plus.
– D'un côté ils construisent une cathédrale à Évry et d'un autre côté ils virent les pauvres d'une église, comme quoi les églises, c'est pas fait pour les pauvres.
– Vous croyez en Dieu vous ?
– Non, mais je croyais un peu dans les églises tout de même.

Dé-shabillez-moi !

Un Ricard, vite, je suis sur la réserve.

Enlève tes lunettes !

... Moi, je prendrais pas un psy qui a des gosses...

Si on pouvait s'en passer de la voiture, j'en aurais pas.

Tu me croiras pas ! J'ai vu une abeille sur une crotte d'oie, et ça le miel de crotte, on nous le dit pas.

L'intellectuel, il parle, il parle, mais à la fin, c'est rien qu'une bouche à nourrir.

... moi par exemple, je regarde la télé depuis que je suis gamin et je suis toujours aussi con, alors soixante-dix chaînes, je vois pas ce que ça va changer... pour moi je parle...

La bière, ça fait pisser, c'est ça qui est bon pour le corps.
– Dans le Nord, ils sont très polis, on le voit dès la gare.

On mange à six heures moins le quart, à huit heures on est au lit, c'est pas nous qu'on aura un accident à neuf heures.

... moi je crois qu'une fois pour toutes, il faudrait faire des enfants qui ne vieillissent pas.

La télé, c'est pognon pour ceux qui la font et poussière pour ceux qui la regardent.

Pour un tueur fou c'est minimum dix morts, à deux-trois morts faut pas te croire tueur fou !

Elle est enceinte et elle travaille, normalement le patron doit aussi payer les huit heures du bébé.

... je dis bien, normalement.

... Si tout était normal.

... mais qu'est-ce qui est normal ?

... C'est le bordel partout.

... C'est les bonnes femmes qui ont tué le féminisme.

... l'Islam, je ne connais pas bien, j'ai peur de dire des bêtises.

Ils pondent les vôtres ?
– Ah oui ils pondent les miens.

La confiture le matin, c'est le début de l'affection.

Une voiture, si tu t'en sers pas, ça revient cher.

Depuis son accident il n'est pas sorti du coma, en tous les cas pas quand on est là.

Ils auraient dû leur donner un bout de l'Allemagne aux Juifs plutôt que les mettre au milieu des Arabes.

Les grands-parents, ma mère, mon mari et moi sommes restés très jeunes malgré que notre fils et notre petit-fils soient morts...
– Hein ?

C'est la terre qui tourne, alors que ça serait plus facile d'allumer ou seulement d'éteindre les lumières.
– On le fait déjà.

J'ai la bite dans une cage d'écureuil en ce moment...

La retraite, je serai mort avant.
– Un de moins !

... le mal au dos, il ne faut pas en faire une religion.

... Je suis un historien de l'alcool plus qu'un alcoolique...

En irlandais, tout est beau, tu dis carottes râpées en irlandais, je pleure.

Quatre-vingts ans, il se marie avec une jeune de trente ans !
– Trente ans, c'est pas si jeune que ça.

Si t'as pas envie de mourir, tu meurs pas, mais le malheur c'est qu'un jour c'est obligé t'as envie ...
– C'est biologique, la mort, c'est inscrit.
– C'est l'envie qui est marquée biologiquement, l'envie.
– Mais non.
– Mais si... t'as jamais eu envie ?
– Tout le monde a envie des fois.
– T'as eu envie ? Alors tu l'as dans le cul mon pote.

C'est quand même grâce

... du jamais vu depuis 1953 !

... qu'il est con.

Ils annoncent une sécheresse pire que celle de 76, là où j'étais ce week-end, il a pas plu depuis quatre mois.
– Ben ? Et tes cheveux mouillés ?
– Là c'est pas pareil, je viens de la douche.

La pluie ne s'infiltre pas dans le sol, elle ruisselle et c'est tout.
– Boire, c'est la seule chose que la terre fait moins bien que le terrien.

Il n'y a plus d'intellectuels, avant j'en voyais qui passaient sur le marché à distribuer des tracts, maintenant j'en vois plus mais ça va pas manquer, ils achetaient rien.

Il pète sans dire que c'est lui comme les ventriloques.

... la radio, vous savez, dans la cuisine quand j'épluche j'écoute d'un œil.

Picasso, tout Picasso qu'il était, il signait comme tout le monde en bas à droite.

La télévision, ça leur enlève la cervelle aux jeunes.

La retraite, plus on cotise, moins on touche, si ça continue, on nous fera vieillir gratuitement...

C'est le même système que la photosynthèse, les paupières font de la vitamine.

... des moines trappistes, ça s'égorge pas, ça se décapsule.

... toutes les pouffiasses de la météo essaient de faire des disques, toutes...

au racisme qu'on est blanc !

Tu penses à ta retraite toi ?
– Je pense qu'à ça.
– T'es jeune, t'as raison, moi c'est déjà trop tard.

Je suis érémiste, mais autrement je suis ébéniste, c'est presque pareil.

... la télé, je la regarde presque jamais, moi je préfère me promener, à la place de la chaîne de télé j'ai choisi la laisse du chien...

Du Internet, j'en veux pas chez moi !

... Pour se faire rembourser des suppositoires, faut pas être bien fière !

L'abbé Pierre, il est vieux, il ne sait plus ce qu'il dit.
– Je regrette mais il est moins vieux que Jeanne Calment, et Jeanne Calment, elle est pas nazie.

L'abbé Pierre, c'est parce qu'il a plus sa tête et Brigitte Bardot, c'est parce qu'elle a plus son cul.

Les vieux, plus ils perdent leurs neurones et plus ils cherchent leur porte-monnaie...

Elle rentre complètement bourrée et tu sais l'excuse, elle me dit que la femme du commandant Cousteau elle fait pareil.
– J'ai vu une fois, sur la Calypso, *ils font de la musique.*

Les radars se confondent avec la végétation, comment voulez-vous les repérer, les gendarmes se croient au Vietnam !

... moi j'ai le fusil au pied du lit...

Un défi à l'équilibre qu'il faut avoir vu c'est les motards de la police.

Quand j'ai un Bernard et un André dans l'équipe, ça finit toujours mal, jamais un André et un Bernard en même temps sur le chantier.

Il est arrivé troisième du concours de Bassou avec cent quatre-vingts escargots, avant il avait mangé une belle salade, la salade, ça appelle l'escargot.

Hitler, un truc qu'il a fait bien c'est les costumes.

Franchement, les émissions de télé qu'on regarde, elles sont tellement cons qu'on pourrait les faire...

V*ous vous rendez compte, ils élèvent des moutons sur leur balcon !*
– Pour une fois que des éleveurs demandent pas de subventions...

Les caricatures, je trouve que c'est exagéré.

L'humour, oui, mais à bonne dose.

Moi je donne rien à ces enfoirés de docteurs qui s'en mettent plein les poches, moi les organes je vends, et cher le kilo encore !

... plus personne ne réfléchit.

C*'est la pollution de l'air qui fait piquer les yeux.*
– La pollution de l'air plus le froid.
– Bien sûr, les deux... conjugués.
– En avion, la pollution ne se voit pas.
– Ça, c'est leur problème.

... Si tu glisses dessus, la fraise espagnole est aussi dangereuse que le bœuf anglais.

Y'a un moment dans la vie où il faut ranger les verres.

V*ous allez donner vos organes, vous ?*
– Pourquoi ? Je suis trop grosse ?

Mon fils et moi on a la même mentalité, il fait cent six kilos.

L'enfer, c'est thermostat 58.

Même les conseils confort électrique, il ne les écoute pas !

Il était bien le policier hier.
– Je me demande pourquoi je l'ai regardé, dès le début, je savais que le juge était dans le coup.
– Elle, qu'est-ce qu'elle était mal coiffée, ça lui va pas sa nouvelle couleur de cheveux.
– C'est comme sa mère, je pouvais pas la voir, elle m'avait rien fait cette femme, mais qu'est-ce qu'elle était antipathique et son mari pas mieux, le chanteur.
– Y'a deux beaux téléfilms ce soir.
– C'est quoi ?
– Je ne sais plus.

… plus il vieillit et plus il est bel homme ce policier.

La justice, c'est que Dieu qui peut la rendre !
– Mais non.
– Que lui.
– Mais non, les dossiers sont trop compliqués maintenant.

Ils sortent de l'école sans savoir lire, sans savoir écrire, sans savoir compter, on se demande même comment ils trouvent la porte pour sortir !
– Le mien, il est en cinquième, deux fois par semaine il rentre bourré.

Une note de musique fonctionnaire, c'est *la*, tu l'as dans le téléphone.

La révolution Internet on reste assis, c'est la même révolution que quand on épluche les légumes.

Je suis la trompette de la mort pouët pouët !

Les Chinois sont tous pareils, on peut pas les reconnaître.

Valda y va plus, Crapaud y va plus, Cacahuète y va plus…
– Si Cacahuète y va plus, il a plus qu'à fermer.

Tous des vendus !

À Cannes, c'est une population de vieux et pendant le Festival, elle double.

C'est pas normal de se faire harceler par une concierge.
– Occupez-vous de vos oignons !

Quand on est ici, on peut pas imaginer que ailleurs, y'a des guerres.
– C'est un gentil compliment monsieur Cabrol.

Je lui ai fait de l'agneau, il adore ça, mais là il en mangera pas, je lui ai mis dans une assiette blanche.

La fleur de pommier, c'est vraiment de la fleur à chapeau.

... il a quatre ans, il hurle, on le force à monter dans les manèges quand même, ça le durcit pour la vie plus tard, le pauvre, il pleure, il pleure, vous le verriez dans la chenille, c'est l'attraction pour tout le monde, on pourrait faire payer même !

... la ciboulette, ça c'est bon la ciboulette.

Ils ont repêché une voiture dans la rivière avec une femme dedans.
– Quand ? !
– Ce matin, les pompiers, avec une femme dedans.
– Quand on sait pas conduire, on reste à la maison...

... femme au volant, la mort au tournant.

PSG !

Trente mille francs.
– Une piscine à ce prix-là, c'est pour pisser dedans.

PSG !

... l'intelligence du cul c'est d'être derrière.

La grâce présidentielle, c'est un droit du président, il fait ce qu'il veut, il fait libérer qui il veut de prison sans rien demander à personne.
– Mitterrand s'en est jamais servi.
– Ah oui mais Mitterrand, il avait des couilles.

L'étonnement, je sais le faire, la joie, je sais la faire, si je veux, j'en fais de leur merde de cinéma, tu parles...

Vous n'êtes pas au courant ?
– Non.
– « Petit bite » a eu un accident !

Si ton bistrot y marche, c'est par la volonté d'une poignée d'hommes !

Des voiliers de plusieurs milliards chacun !
– Pour une personne solitaire, ben merde alors, moi je les fous tous sur le même bateau et le pognon je me le garde.
– C'est la transat en double ce coup-ci.
– En double, ben merde alors, moi je leur achète une table de ping-pong et le pognon je me le garde... ben merde alors.

À Auxerre on a moins d'argent qu'au PSG mais on a moins de nazis.

Concorde, il doit être garé quelque part à rouiller déjà...

... la dernière guerre, c'est un vrai roman d'aventures.

On a sorti deux belles truites à la mouche, comme ça belles, mais belles... même les mouches elles ont pris la grosse tête.

... il nous a très bien expliqué pour Jeanne d'Arc, c'est des cris de corbeaux.

... **a**ttendez qu'ils coupent toute la forêt amazonienne, vous allez voir le vent comme à La Défense.

... **V**a secouer la salade dans la tempête !

L'art contemporain, merci bien...

... **l**a danseuse étoile, elle a beau être étoile, elle danse pas toute la nuit.

Il faudrait que le train puisse sortir des rails et partir dans la campagne, ça serait des vrais vacances en train, suivre des rails on le fait déjà au travail.

***L**e dimanche, on ne sait jamais quoi faire.*
– Venez à la maison, nous non plus, on ne sait pas quoi faire.
– On va pas vous déranger ?
– Vous êtes pas les premières gens qui savent pas quoi faire qu'on reçoit, vous inquiétez pas.

Deux cents majorettes dans la rue, même si on n'aime pas, on est obligé d'aimer...

... **t**ous avec du goudron sur le maillot de bain... alors cette année on va à la montagne... mettez-vous à notre place aussi...

... **t**enez, rien que les subventions pour la culture, quel pognon gaspillé, déjà moi les cons qui dansent je les foutrais à l'armée, déjà.

... **u**ne bonne ruse, c'est de faire le tour.

... **l**a terre n'a pas le temps de se reposer, aussitôt on replante, on arrive à faire trois récoltes de blé par an, pour comparer, je vais chez le coiffeur deux fois dans l'année...

***S**i c'est pour sauver des gens, même toi, tu tortures.*
– C'est interdit.
– Pas pour sauver des gens, pour sauver des gens...
– C'est dans les conventions de Genève !
– Les Suisses, c'est eux qui blanchissent l'argent de la drogue, tu peux les croire ceux-là, tiens.

Les conventions de Genève, tu parles, c'est la ville du chocolat !

... **n**ous, on est trop vieux pour faire un barbecue...

Le plus dur avec un enfant c'est de choisir le prénom.

En Afrique, on se rend compte qu'on est un être humain alors qu'à Paris on court on court, on a tendance à oublier.
– Vous y êtes restée combien de temps ?
– Deux semaines, c'est une vie tellement simple, ça suffit vous savez pour appréhender à peu près tout ce qui est appréhendable, on a même des photos de lions, il est libre votre téléphone ?
– Allez-y madame, attention la marche en bois, ici aussi c'est l'Afrique.
– ?
– Delaramée au tableau, tu t'en souviens ?
– Tu parles !
– Delaramée, dehors ! Delaramée, encore en retard ! Delaramée, faudra faire de la gymnastique, tu t'en souviens ?
– Le gros, bien.
– Delaramée, vous êtes trop gros pour faire les pompiers !
– Tu parles !
– Delaramée, pousse-toi ! Delaramée, paye ton coup, eh ben Delaramée, y s'est pendu.
– Meeeeeeeeeeerde...
– Oui.
– Meeeeeeeeeeerde...
– Le gros.
– Meeeeeeeeeeerde...

... On ne peut pas s'éloigner quand on attend une greffe.

Depuis qu'il a sa hanche en plastique, il va au bistrot en bas des marches !

Le temps va changer.
– Vous avez mal à votre os ?
– Non, ils l'ont dit à la télé.

Le gospel, les gros Noirs qui chantent, ils font pas pitié ceux-là.

Tu veux plus me servir ? D'accord... alors c'est la guerre !

... Vous pouvez le servir, il est sous ma houlette.

... y reste que les ploucs.

... à Cannes, y'a plus aucune vedette, y'a que les connards de la télé.

La grande époque de Cannes, c'était l'époque de Brigitte Bardot.
– Dans sa jeunesse.
– Oui, à ses débuts... à ses débuts...
– Catherine Deneuve, elle a trop travaillé dans sa vie... elle est vieille et fatiguée cette femme... et puis attention, elle a été mariée avec Gainsbourg ! ça n'aide pas, dans une vie... non, ça n'aide pas...
– C'est plus la grande époque.
– Ça nous rajeunit pas.
– Elles non plus !

... tout cet argent dépensé pour trois cons qui montent des marches, moi je leur foutrais une bombe.

Cannes, j'ai regardé l'ouverture, eh ben dites-moi, y'avait personne de connu.

J'ai entendu le calcul ce matin à la radio, ça lui fait dix briques par jour à Delarue, dix briques par jour sept jours par semaine ! Il gagne un an de salaire de quelqu'un de normal par jour, et en une semaine ça lui fait presque dix ans de salaire de quelqu'un, dix années de travail, et en un mois il gagne trente ans de salaire, c'est presque une vie de salaire qu'il gagne en un mois, en trois mois presque cent ans, et ça fait quatre cents ans de salaire d'un ouvrier qu'il gagne en un an Delarue, quatre cents ans en un an ! Je le croise dans la rue, je vous jure, je lui crache au visage ! Je lui crache au visage à ce monsieur ! Il a pas intérêt à sortir je vous le dis ! Il a pas intérêt !

La moelle épinière se coince entre les vertèbres et ça fait mal, mais mal !
– Je mange très sain, je n'ai aucun surplus de moelle.
– Vous en avez de la chance.

J'ai vu personne aujourd'hui, j'ai vu que des merles.
– Vous prenez pas de calmants, vous.

Qu'est-ce que vous croyez... il sort plus...

J'aurai vu la disparition des opérettes...

Toute la journée devant l'écran de l'ordinateur, ce qui manque avec ces appareils, c'est de mâchouiller le crayon.

Les pédés danois ont le droit de se marier, ils sont plus en avance que nous socialement.
– Je vois pas le progrès d'avoir des pédés qui traversent les villages en klaxonnant.

Le système pénal français est bancal, monsieur, bancal !

J'ai une qualité, je ne pratique jamais la langue de bois.

Qui ?
– Frédéric Lodéon, le mec de France Inter, c'est un chef d'orchestre, il est violoncelliste comme dans la « Contrebasse ».

C'est électrique ?
– C'est un jeu électronique.
– Ah, parce que pour les gosses l'électricité, c'est dangereux.
– C'est de l'électronique, ils ne vont pas s'électroniquer puisque le jeu marche à piles.

Le cirque de Pékin, il en aura usé des femmes caoutchoucs.

... je sais pas mais depuis deux jours j'ai les cheveux plein d'électrons.

Ils mettent des ascenseurs qui vont vite pour qu'on dégueule son café et qu'on arrête d'aller à la machine à café, c'est pour dissuader, je le sais, dans la tour, c'est moi qui remets les cartouches de gobelets.

... j'appuie sur le bouton du poste, c'est la première chaîne qui s'allume, c'est bien, ça me suffit, je touche pas les autres boutons, c'est des coups à tout casser dans le poste...

La France n'est plus compétitive, et encore, on est que lundi.

Les arbres, c'est pas fait pour s'appuyer !

Même quand il dit rien ça fait pas le silence tellement il gueule tout le temps d'habitude.

... **a**vec ce qu'on mange, si on finit en Alien faudra pas pleurer !

Elle a abandonné son gosse dès la naissance, tu parles d'un service après-vente.

... **i**l rentre entre chien et loup, c'est même eux qui le raccompagnent.

... **i**ls ont les nageoires carrées les poissons du canal.

Il est tout le temps fatigué.
– Vous avez essayé le coup de pied au cul ?

... **i**l a perdu sa femme dans le chaos, il lui a lâché la main, plus rien, aux Galeries Lafayette.

Mon chien est certainement plus humain que beaucoup d'humains !
– C'est pas parce qu'il est humain que ça vous donne le droit de le faire pisser n'importe où !

Il était mort depuis huit mois dans son appartement HLM, personne s'est rendu compte de rien, personne lui parlait jamais, et personne a réclamé le loyer madame, personne, pendant huit mois il a rien payé et personne a rien réclamé, mais qu'est-ce qu'ils font aux HLM ?

... **i**l me fait pipi au pied du fauteuil, alors je lui donne une fessée.

Le meilleur comédien français, cette année, c'est un mongolien.
– Ça ne m'étonne pas.

... C'est du cinéma vérité, pour un mongolien, on prend un mongolien, pour un Noir, on prend un Noir...

Jamais vu un mongolien noir, le mongolien est blanc par définition.

Le mongolien de Cannes, il faudrait écrire une histoire où il se marie avec la naine et ça fera un feuilleton pour la télé.

On est dix-neuvième à l'Eurovision, tout ça c'est à cause des essais nucléaires.

L'astrologue de la télé, il avait le sida, il le savait pas, vous parlez d'un astrologue...

Y'avait une muette qui avait eu un prix à Cannes, là c'est un mongolien, les friqués adorent les tordus.
– C'est le seul truc un peu intéressant, aussi, par rapport...
– Intéressant ?
– Ça change un peu.

... J'aime bien le journal à lire parce que c'est du papier.

Djorkaeff, il était rien, on en fait une vedette et dès qu'il est une star, il s'en va à l'Inter de Milan, moi un mec comme ça, les deux pieds dans le ciment...

Au PSG, ils aiment pas tellement les nègres.
– Mais à la télé en général c'est comme ça.

... à Montmartre, on prend des facteurs de montagne, je dis on, mais c'est pas moi.

Un TGV contre du riz chinois, ils nous refilent toutes leurs merdes, on va avoir des tams-tams contre des centrales nucléaires et des boubous contre des avions, Chirac fait n'importe quoi, n'importe quoi !

Il faut être un animal pour tuer un prêtre, et encore, les chiens, ils leur mordent le cul, c'est tout, et encore, il faut qu'ils passent en vélo, et encore, en jouant la sonnette...

Ils les ont égorgés les prêtres !
– Ils l'avaient dit, ils l'ont fait, c'est pas des gens qui font de la politique comme nous, quand ils disent quelque chose, ils le font.

... ils ont tué tellement de monde les curés que sept morts chez eux, ça va pas me faire pleurer, au contraire !

Dans l'Islam, ils sont pas normaux.

... faudra que je lave les rideaux, y me salissent tout le soleil.

En bordure des déserts tu as ÇA de sable sous les meubles, ÇA !

... la forme des planètes tout ce qu'on découvrira ça sera rond, pour moi c'est déjà tout découvert tous ces ronds...

C'est des barbares !
– Tuer des prêtres sans défense, qui sont pauvres en plus franchement c'est honteux..
– C'est des barbares !
– La tête coupée à des vieux !
– Décapiter des prêtres... et en plus ils ont mélangé les têtes, il paraît.

Jésus, avec ses petits cheveux bouclés dans le cou, il fait fils de Dieu comme moi je fais fils de... de... de Marie, tiens.

... y'a pas de livre bien cette année.

Je ne dis pas merci à Freud et à sa masturbation !

Einstein aussi, il avait pété les plombs.

Brahms, sans parler de sa musique pour pas faire chier, il buvait du vin blanc.

... la fin du Moyen Âge, c'est très actuel...

... Ce qu'il faudrait, c'est une révolution mentale.

L'essence à deux francs, ça serait un conte de fées.

... Une révolution mentale, les gens ne voudront jamais.

Le centre culturel, et d'une, je sais pas si c'est culturel au centre mais devant c'est plein de détritus et de deux, pourquoi la mairie leur donne des crédits alors que pour notre Confitures en fête, *ils n'ont rien donné, pas un sou pas un centime pas un franc !*
– La confiture, c'est pas culturel tellement.
– Comment ? Pas culturel la confiture ? Et qu'est-ce que vous faites de L'Histoire des confitures ? !

Les nègres, ils ont toujours plein de cuvettes en plastique.

Mais oui, c'est ça, allez, au lit.

Les hommes préhistoriques, tu leur foutais une télé dans la caverne, ils arrêtaient de faire du feu...

... Ils étaient pas mieux que nous, les hommes préhistoriques.

Le meilleur moment de la vie, c'est le moins le quart de midi quand tu quittes le travail à midi pour manger.

Chaque fois qu'on parle faudra se mettre un timbre sur la langue pour sauver La Poste bientôt !

Moitié du caddie bière, moitié du caddie couches pour bébé.
– Ça a toujours bien marché ensemble l'alcool et les gosses.

Je suis malheureux mais je ne pleurerai pas, je me pleure dedans pour gêner personne.

Médecins du Monde, il faut être Noir et peser un gramme sinon ils vous regardent même pas.

Elle est infirmière.
– Infirmière ? Elle sent même pas l'éther.
– En psychiatrie.
– Ah bon, c'est pour ça qu'elle sent rien.

Le plus grosse réduction du temps de travail c'est pas le patron qui la fera, c'est la machine à café qui l'a déjà faite !
– Plus la cantine... faut pas oublier l'heure de cantine...

Sur leur calendrier tous les saints c'est des Saint-Con !

Avant, le jeune téléphonait dans la salle à manger devant les parents mais maintenant avec le téléphone sans fil...
– Tout ce qui est sans fil contre les parents, les jeunes adorent.

En voyage, je ramasse tout le pollen, alors je suis tout aussi bien à rester à la maison.

... en moto c'est toi qui es le plafond.

... au point où j'en suis.

Tout Arcueil a des poux !

Elle traite ses rosiers avec du produit à pucerons et après elle aligne ses gosses pour leur traiter la tête contre les poux, elle fait tout le monde avec le même produit, quand on a pas d'argent, on fait comme on peut.
– Et puis c'est bien finalement de traiter ses enfants comme les rosiers.
– Je sais pas si c'est bien, c'est comme ça.
– Les poux, c'est un genre de pucerons.
– Je sais pas si c'est un genre de pucerons, c'est comme ça... en tout cas, elle a des belles roses, je sais pas si les petits ont des bonnes notes, mais les rosiers ont des belles roses.

... C'est bien de vieillir, ça fait la peau des arbres.

Vous la laissez seule à son âge ?
– Elle est pas toute seule, c'est la télé qui me la garde.

Tuer un prêtre, je ne suis pas croyant mais là, y'a de l'abus.
– L'Arabe a toujours été barbare, c'est sa culture qui veut ça, depuis la naissance on lui inculque la barbarie, que voulez-vous, un jour, ça ressort et tout le monde fait l'étonné !

L'Afrique, ça rapporte quoi, à part des ennuis ?

Ils avaient mis des cierges à brûler pour les prêtres et comme ils sont morts, ils les ont éteints hier.
– C'est pas la peine que ça brûle pour rien non plus...

... C'est des coups à devenir raciste... ou encore plus raciste, pour ceux qui sont déjà racistes... en tout cas c'est pas un coup à arrêter d'être raciste pour ceux qui sont racistes comme beaucoup de gens le sont... moi je ne suis pas tellement raciste mais franchement, je regrette.

... en attendant, c'est pas des pédés ceux qui ont fait ça.

L'Islam va gagner parce qu'ils y pensent tout le temps.

... il ne faut pas se cacher derrière son petit doigt.

... en vingt ans de conduite, j'ai eu quatre-vingt-dix accidents avec la même voiture, vous m'en ferez plus changer, je suis trop habitué à celle-là...

J'ai des réflexes au millième de seconde, c'est pour ça que j'écrase personne.

En tuant des moines les Arabes vont au paradis et les curés en se faisant égorger ils montent au paradis aussi, alors franchement je vois pas le problème... c'est des histoires entre eux... entre croyants... ça nous regarde pas... nous on pique une voiture et on va en taule... alors... les tribunes de Roland-Garros, je te foutrais ça au boulot, moi !

On va aller voir *Starmania*.

Des cons devant, des cons derrière, des cons partout, quarante-cinq kilomètres de bouchon !
– Au moins, c'est des vrais croyants ces gens-là, ils égorgent des prêtres alors que nous, on ne se lève même plus pour aller à la messe.
– L'Arabe est plus croyant que le Blanc, et ça continue, on le voit bien...
– On va aider les Noirs à Bangui mais est-ce que les Noirs viendront nous aider si on est en guerre ?! Excusez, mais j'ai pas vu beaucoup de Noirs dans les films sur la Résistance.
– Gabin ou Signoret ou l'autre avec le chapeau...
– Quarante-cinq kilomètres de bouchon ! Remarquez, à côté de ce qui nous attend avec les Arabes, c'est rien.

Bernard-Henri Lévy, on l'appelle philosophe parce qu'il vit avec une pouffiasse et qu'il arrive à la supporter, c'est pour ça.
– Il faut de la philosophie pour une conne pareille !
– Elle est belle cette femme, je trouve.
– Les philosophes, ils ont toujours des pouffiasses, Marx, tout ça, ils se tapaient des boudins.
– Connais pas la femme de Marx.
– Toutes les Russes de l'époque, c'est des boudins.
– Maintenant avec la mafia russe elles sont belles, c'est des putes.
– La fin du Mur de Berlin, résultat les Russes, c'est des belles putes.
– À la limite c'est mieux.

Ce Mur de Berlin, c'était avant tout un énorme quiproquo...

J'aurais voulu être routier, pour manger le midi dans les routiers avec les autres routiers.

L'abbé Pierre s'est barré dans un monastère en Italie, ça serait tenu par des anciens de Mussolini que ça serait pas plus étonnant que ça.
– Mais laissez-le ce pauvre homme, même s'il est nazi c'est un nazi qui a fait plus de bien que pas mal d'autres gens d'en face, les terroristes et compagnie pour l'avortement !

La tendresse, c'est un muscle.

L'argent que l'alcool rapporte à l'État, c'est énorme, moi cette année rien qu'en picolant j'ai payé l'impôt sur la fortune !

Je suis pas tellement contente du beau temps vu qu'il est parti travailler avec ses chaussettes qui font suer.

L'abbé Pierre, il dit tout haut ce que le pape il pense tout bas... voilà tout.

L'abbé Pierre s'en va, Polnareff revient, finalement, on y gagne...

Ils jettent leur bébé dans la piscine et ils filment pour Vidéo-Gag, *ça fait gagner mille francs, même si t'en mets la moitié sur la caisse d'épargne du bébé, c'est salaud.*
– Tu le jettes tous les jours, n'empêche qu'à la fin du mois, ça te fait tes trois patates.
– Mais non, c'est qu'une fois, tu rêves toi ! À ce prix-là, tout le monde arrête de bosser...

... la tanche, ça a la bouche qui fait la gueule, comme Béatrice Dalle.

... la carpe miroir, les écailles, ça fait comme les Romains...

... les tanches ont des bouches de demoiselles...

C'est gentil et ça fait de mal à personne un reportage sur les poissons rouges à la télé, eh bien, il n'y en a pas.
– Ou sur les écureuils.
– Ou sur les écureuils...

Y'a un magicien qui passe au travers, pour dire comme la Muraille de Chine c'est pas si solide que ça non plus...

Moi, je me salis qu'une fois par an.

Bordeaux, le gâchis...
– Un club de foot dirigé par un bigleux, tu parles...

Maintenant y'a beaucoup d'enfants qui meurent dans le sommeil, ça revient à la mode cette maladie-là.
– Avant, y'avait pas tout ça.

Bordel ! Qui c'est qui m'a gribouillé les mots fléchés de Guy Brouty ? !

... moi ce que je fais à la batterie en restant carré, t'es halluciné.

... délire grave.

... je suis plutôt contretemps...

... y tape Hendrix, solo et tout, tu le verrais, t'es halluciné.

... les roulements que je fais, t'es halluciné.

... des paroles contre le gouvernement, de la folie grave, direct y rentre dedans la gueule des médias...
... il t'a des plans basse, à peine il arrive, à genoux, il est génial, les mains en or, la vitesse, tu suis pas...

... je me donne quatre ans pour sortir, d'ici l'an 2000, je peux, je fais les roulements des deux mains, mais c'est pas une battement connu de batterie, c'est que de l'inventif... **... g**rave...

... trois quarts de litre de whisky dans le gosier aussi, direct, halluciné, t'es...

Agassi, il joue comme moi quand j'ai trop bouffé.

Moi le mien s'endort avec la lumière, il a les paupières en bois.

***A**gassi, il a vendu son nom à Nike pour vous savez combien ? Cinquante milliards !*
– Ça fait pas nom de chaussures...

La guerre, c'est pas propre, et moi qui suis un ancien militaire, je peux vous le dire, les militaires n'aiment pas la guerre.

Le mardi, je parle de philosophie.

... il a pas la bite dans sa poche, le gourou du Mandarom.

Voilà un franc, va t'acheter Thomson !

Les femmes qui font de la politique avec un chignon, moi je dis qu'elles seraient mieux à la maison !

Les gens qui sont joignables partout c'est toujours des connards.

... je bois sporadique à cause du docteur.

Elkabbach fait un chèque à Delarue soi-disant pour la télé et Delarue lui refait un chèque en douce qu'il se met dans la poche un peu plus tard, mais si c'est ça, si je vous le dis, mais si, et il a raison Elkabbach de leur piquer leur fric, à la télé, c'est tous des enculés.
– C'est l'argent de la redevance, c'est notre argent après tout.
– Vous la payez la redevance, vous ?
– Non.
– Moi non plus, et c'est pas demain que je vais commencer, si ils envoient des inspecteurs, ils ont pas le droit de rentrer dans la maison pour vérifier si vous avez la télé, ils n'ont pas le droit de rentrer dans la maison, si je vous le dis, il faut qu'on voie la télé depuis le palier, et comme moi j'ai un couloir qui fait un coude, ils peuvent se mettre le doigt, les mecs.
– Nous on l'a dans la chambre.
– Vous êtes tranquille, ils ont encore moins le droit d'aller dans les chambres, on est pas à Moscou.

Un petit coup de blanc le matin, à la campagne, c'est presque obligatoire.

... Je vois pas pourquoi l'abbé Pierre dit que c'est pas vrai les chambres à gaz des camps, puisque de toute façon c'est prouvé que les curés c'étaient les premiers à dénoncer les Juifs pour qu'on les envoie dans les fours, alors, c'est pas logique non plus ça...

Ils lui auraient donné un million de francs par mois à Delarue si il avait été noir ? Certainement pas ! On est bien en France, y'a pas d'erreur !
– À la télé y'a pas de Noirs, c'est pas pour leur filer cent plaques.

Tchin !

J'ai marché dans une crotte

La prostate ou le côlon tout le monde rigole mais le mal aux dents tout le monde respecte le mal aux dents !

Éthylique ! Alcoolique à élytres !

Neuf enfants avec un dans le ventre et d'autres enfants avec une deuxième femme, là-bas au Zaïre ! C'est vraiment la misère.
– Plus on est pauvre et plus on a des enfants.
– Au Zaïre, avec la guerre et tout, ils gagnent deux francs les gosses à vendre des cailloux, neuf ! Et neuf avec une autre femme !
– Dites pas ça ! Vous seriez le premier à en avoir vingt-cinq si vous étiez africain !

Pour moi le cerveau c'est une extrémité comme les autres.

Les transports en commun, c'est bien quand c'est pas en commun justement...

Un accident de chemin de fer en Sibérie... y'a pas de raison qu'ils en aient pas eux aussi... comme nous... on nous dit ça dans le journal comme une grande nouvelle... tu parles... c'est normal... y'a pas que nous qui devons en avoir aussi... c'est bien fait pour leur gueule à ces cons-là, là-bas y'a jamais rien...

... C'est *Jurassic Park* là-dedans !

Elle a des poches d'eau dans les nichons.
– Du robinet ?
– Sans doute de la source.

Quatre grammes cinquante-six, une jeune femme de trente-quatre ans.
– C'est pas possible.
– Quatre grammes cinquante-six, si si, une jeune femme qui conduisait avec ça d'alcool dans le sang.
– C'est pas possible, ou alors c'est un travelo, comme la femme torero.

Les microbes qui vivent dans le cerveau, au moins, ils ont de quoi s'occuper !

… ils ont mis des glaces au mur pour faire plaisir aux mecs de la télé qui viennent...

juste devant chez Dalida...

… je voulais maigrir pour les vacances mais finalement je vais pas prendre de vacances.

… les chefs d'État sont tous malades et nous on est pas mieux puisqu'on est malades aussi.

Le tramway, ça roule dans la raie du cul de la ville !

Le premier mois, l'embryon humain est un poisson.

On serait pas devenus intelligents comme on est si on avait pas mangé de la viande.

Internet, par chez nous, vous en trouverez pas.

Avec tous les moyens de transport, on va loin tellement vite que c'est comme si on restait chez soi, alors c'est la mort du voyage...
– Pour les vacances, tout le monde reste en France.
– C'est ce que je dis... c'est pas la peine d'aller loin si c'est tout près.

Loin, c'est devenu près, alors évidemment quand on est parti loin on a tout de suite envie de rentrer chez soi puisque chez soi c'est juste à côté, comme on habite à côté faudrait être con pour payer l'hôtel.

Chirac, il a le droit de distiller de la prune, ça se transmet de président à président.

J'aime bien les confitures parce que je suis conservateur, peut-être que c'est ça...

Les sportifs, faut pas trop leur demander de réfléchir non plus.

Plus un seul Français à Roland-Garros, tous éliminés.
– Il reste une Française.
– Une Française, c'est pas un Français, surtout en tennis.

... Une balance de cuisine et le gamin, il a fait une girafe en pâte à sel.

Je vais bricoler aujourd'hui mais je vais pas faire des miracles.
– C'est dimanche.
– C'est dimanche d'abord mais surtout j'ai la goutte au nez.
– Ah, çà, pour bricoler, la goutte au nez...

Tapie, tu l'incinères, il fait des flammes vertes, comme les faux billets.

Ariane, boum, trente-sept milliards en fumée !
– La recherche de l'espace ça nous sert à rien, c'est comme chercher ses clefs de voiture dans les arbres, ses clefs de voiture dans les arbres, ni plus ni moins ses clefs de voiture dans les arbres...

Il est pas trop serré son collier ?
– Quand on voit ce qu'ils font aux femmes girafes, il est pas à plaindre mon chien.

Leur soirée sida à la télé, ils nous demandent des sous, ben merde, ils sont culottés à la télé, ils ont qu'à demander des sous à ceux de la télé qui prennent des milliards, tous autant qu'ils sont à se montrer pour se faire de la publicité, ça en fait de l'argent qu'on leur donne, ça en fait !

Une Miss Monde, ça a du charme même dans ses urines.

Ceux qui chantent des chansons d'amour c'est des branleurs qui se tapent plein de gonzesses, souvent c'est ça.

Maintenant, on peut aller sur la lune et personne y va, moi, mon jardin c'est pas la lune et j'y suis tout le temps.
– Et c'est pas le même prix.
– Surtout ça, c'est pas le même prix.

À la télé, si ils savent écrire leur nom, c'est le maximum.

L'espace, ça peut attendre, ça a l'habitude.

L'ordinateur qui a déconné !
– Eh bien ça ne m'étonne pas.
– La fusée était même pas assurée, essayez de conduire sans assurance, vous allez voir les gendarmes ce qu'ils vont vous dire.

... la justice est pas la même pour les voitures et pour les fusées.

... du sucre dans le réservoir...

Ça sert à rien de partir dans l'espace, y'a rien.
– Ils ont la bougeotte, ils ont qu'à venir ici le dimanche, y'a rien et ça coûte moins cher.

... On a accompagné le mort qui savait pas où c'était...

L'anglais en primaire, c'est bien parce que le cerveau n'est pas encore formé...

Du sida sur toutes les chaînes, alors on a pas regardé, on a mangé dans le jardin, il faisait une chaleur, résultat, des moucherons plein les assiettes, c'est pas mieux...

Le Sidaction, ils ont qu'à demander du pognon à Mireille Dumas, cette salope qui s'en met plein le poches avec le malheur des gens !

... ils dépensent des milliards à Cannes et après ils viennent pleurnicher du pognon, putain, à la télé, ils ont tous les culots !

... le sida, le ministre a dit qu'ils allaient le guérir, alors je vois pas pourquoi il faut leur donner du pognon en plus, pour les cocktails ?

... moi j'aurais préféré un bon film, on paye pas la redevance pour ça.

Les féministes, maintenant elles se foutent à genoux pour faire les courses, les bonnes femmes !

V*ade retro, satanas !*
– Je paye un coup.
– Viendé, satanos et payos !

E*lle est super bien cette boîte, le parking est gardé par des maîtres-chiens.*
– Classe !

Tiens, vl'à les Titans !

... **i**ls aiment bien tuer les gens les socialistes.

... **t**out ça c'est des politicards de merde...
Il en aura fait Mitterrand des saloperies dans sa vie, les Juifs pendant la guerre, le sang contaminé, la farine pourrie, eh ben, vous parlez d'un grand homme !

... **t**out ça c'est des politicards de merde...

Quand on sait tout ce qu'on finit par savoir, ça fout la trouille d'imaginer tout ce qu'on sait pas...

... **f**aire du mal à un petit Marcel, je comprends, mais martyriser un enfant que tu as appelé Kevin, je comprends pas pourquoi tu l'as appelé Kevin !

Les Anglais, c'est de la viande blanche et nous, on est de la viande rouge, on se comprendra jamais.

Elkabbach, pour leur signer des contrats comme ça aux trois jeunes, c'est qu'il devait se les taper, c'est obligé comme explication, il se faisait sucer par eux, tu parles, la télé c'est des malades... putain, je suis mieux comme je suis que golden boy au pieu avec le vieux.

... je lui ai fait une tonnelle pour lire son *Télé 7 jours.*

L'iris, c'est une très belle fleur, j'y mettrais bien ma bite dedans presque tellement c'est beau...

On a tous un destin et on a tous un intestin, c'est les deux trucs les plus longs qu'on a tous...

C'est horrible à dire mais je ne sais pas choisir, il faut y aller déjà avec une idée derrière la tête sinon la dernière fois que j'y suis allée je suis repartie avec deux petits fauteuils, vous imaginez ?

Le sang contaminé, après la farine empoisonnée, ils veulent nous tuer pour réduire le chômage ou quoi ?

Peut-être qu'un jour on partira dans l'espace mais en attendant ils augmentent les impôts locaux, les enfoirés...

Faire l'école du crime, c'est déjà mieux que pas avoir d'instruction du tout.

July, Elkabbach, Drucker, Juppé, Le Pen, Toubon, Jean Yanne, Jospin, tout ça c'est des anciens maos qui ont pris toutes les places au chaud, mais si ! C'est eux le danger ! C'est des positionnistes, mais si !

Je sais pas combien ils sont nombreux à travailler à la télé mais quand c'est du tennis tout l'après-midi, moi je vois que deux mecs qui bossent.

... à la télé, à part le porno, je vois pas ce qui est regardable et qui soit pas débile pour des adultes.

... d'habitude je ne bois pas énormément mais hier soir... alors... !

Je préfère me faire chier à la campagne que m'amuser à Paris !

C'est un alcoolique qui a inventé la peinture à l'huile, à cause qu'on est obligé d'attendre quand ça sèche.

La gamine, la tueuse, seize ans, elle était au lycée Picasso.
– Il s'arrange pas celui-là.

Avec leur histoire de vaches folles, tout ce qu'ils vont réussir les Anglais, c'est de se faire exclure de l'Europe.
– Déjà que c'est pas tout près.
– Vous pensez qu'on fera pas l'Europe à cause des vaches ?
– On est bien forcés de vivre...
– Qui c'est qui vous force ?

... tu regardes la glaise qui tourne toute la journée... dans les villages de potiers, tu as forcément des zombies.

... tout ça c'est des politicards de merde !

Il a des boutons sur la joue gauche et des cicatrices sur la joue droite, comme une figure qui se boutonne, voyez ?

Bambi, c'est quelle viande ?

Hohé hohé hohé ! Les montagnards les montagnards !
Hohé hohé hohé ! Les montagnards sont là ! Les montagnards ! Les montagnaaaaaaaaaaaards soooooooooooooooooooooooooooooooooooooooont là !

Hohé hohé hohé ! Les montagnards les montagnards !
Hohé hohé hohé ! Les montagnards sont là ! Les montagnards ! Les montagnaaaaaaaaaaaards soooooooooooooooooooooooooooooooooooooooont là !

Hohé hohé hohé ! Les montagnards les montagnards !
Hohé hohé hohé ! Les montagnards sont là ! Les montagnards ! Les montagnaaaaaaaaaaaards soooooooooooooooooooooooooooooooooooooooont là !

Hohé hohé hohé ! Les montagnards les montagnards !
Hohé hohé hohé ! Les montagnards sont là ! Les montagnards ! Les montagnaaaaaaaaaaaards soooooooooooooooooooooooooooooooooooooooont là !

Hohé hohé hohé ! Les montagnards les montagnards !
Hohé hohé hohé ! Les montagnards sont là ! Les montagnards ! Les montagnaaaaaaaaaaaards soooooooooooooooooooooooooooooooooooooooont là !

Hohé hohé hohé ! Les montagnards les montagnards !
Hohé hohé hohé ! Les montagnards sont là ! Les montagnards ! Les montagnaaaaaaaaaaaards soooooooooooooooooooooooooooooooooooooooont là !

Hohé hohé hohé ! Les montagnards les montagnards !
Hohé hohé hohé ! Les montagnards sont là ! Les montagnards ! Les montagnaaaaaaaaaaaards soooooooooooooooooooooooooooooooooooooooont là !

Hohé hohé hohé ! Les montagnards les montagnards !
Hohé hohé hohé ! Les montagnards sont là ! Les montagnards ! Les montagnaaaaaaaaaaaards soooooooooooooooooooooooooooooooooooooooont là !

Retour au car les montagnards !

... les saucisses sur la table de la cuisine, à peine on se retourne que le chat avait tout piqué et qu'il était sorti par la fenêtre qui donne sur le toit des garages, un vrai scénario de James Bond.

... en slip, on est plus fragile qu'un autre, c'est pour ça qu'à la visite des alcooliques on nous met en slip, pour qu'on soit pas content d'être là ...

... c'est vrai, quoi, non ? C'est pas vrai ?

Depuis que j'ai mis des nénuphars, on ne le voit plus, il reste en dessous.
– Trop bien installé, le poisson rouge ne sort plus.
– Ça me rappelle ma mère.
– On lui a mis du gravier au fond, il n'y va pas, on ne le voit plus.
– Ça me rappelle ma mère.
– Votre maman ?
– On a mis du gravier dans l'allée, elle n'y va plus non plus.

... elle vient plus, elle est dans sa période haricots verts.

La pollution, oui bien sûr, le voitures en ville, mais le système de la respiration aussi c'est mal fichu, des trous ici pour aspirer les gaz, franchement, ça n'est pas très malin...
– Oui mais les trous de nez, on ne peut pas les laisser au garage !

Il faisait venir les petites filles chez lui, parce qu'il a une piscine.
– Et puis ?
– Et puis, et puis, il est dans le journal.

Modigliani, c'est des girafes qu'il aurait dû peindre, pas des bonnes femmes...

Dans le cul les Bulgares !

... tu te branles devant un film porno, c'est comme le karaoké...

Fabius, il a vendu du sida aux hôpitaux, c'est pas mieux.

Les nudistes sont des gens comme les autres, on ne va pas leur mettre une étiquette dans le dos.

Leur viande folle, ils la mangent bouillie avec de la menthe dessus !
– En plus...

Les Noirs sont pas égaux puisque déjà ils sont plus nombreux.

La tour Eiffel, finalement, c'est que des fenêtres qu'on voit tout Paris au travers.

C'est appréciable un policier dans la famille quand on vit seule comme vous en banlieue...

Simone Veil, allez hop ! À la maison faire la soupe !

Ella Fitzgerald.
– Elle est morte ?
– Oui, soixante-dix-huit ans, c'est bien.
– Soixante-dix-huit ans, c'est très bien.

La grande dame de la chanson...
– Ah non, la grande dame de la chanson, c'est Mireille.

... je préfère les chanteuses modernes, c'est plus frais.

Des musiciens, il y en a trop, même dans les Codec, ça chante.
– Fitzgerald, c'est pas pareil, il n'y en a que dans les magasins d'habits.

Une femme sur un vélo, c'est pas ce qu'on fait de mieux, non ?

... Quatre mille drapeaux pour les jeux d'Atlanta... eh ben... on manquera pas de drapeaux.

... Si ça se trouve le sida c'est dans une farine aussi, de toute façon on ne sait plus rien aujourd'hui...

Tu la connais pas ? Pourtant c'est une connasse très connue.

... Ce genre de bouchon, c'est de la provocation.

Tous les jours c'est une nouvelle maladie qui arrive, maintenant c'est la tremblante du mouton !
– Ça se transmet à l'homme ? Ils ont dit quelque chose là-dessus ?
– La tremblante ?
– Oui, à l'homme la tremblante ?
– Si ça se transmet ?
– À l'homme ?
– La nouvelle maladie.
– La tremblante ?
– Du mouton.
– L'homme l'a ?
– La ?
– Maladie.
– Enfin bref, une par jour.

La pastèque n'est pas la femme du melon.
– Alors c'est quoi ?
– C'est une pastèque.
– C'est tout ?

Son foie à Marcel c'est son talon d'Achille.

... ***b****eu beu beu, si ils interdisent les voitures...*
– Pour faire baisser la pollution.
–... moi je m'en fous, je prends ma bagnole.

La plume d'autruche est protégée, c'est pour ça, on la met dans une housse.

Dès qu'on marque un but au football on est une légende, des cons qui sont des légendes, on en a trop.

... ***j****e m'en fous de la pollution, je la prends ma bagnole !*

En Suisse, ils sont Sagittaires et ça marche bien.

Dans la recherche spatiale, y'a toujours un pied qui manque à la table !

... ***s****i ils les interdisent les voitures, je la prends ma bagnole moi ! Je m'en fous ! Je la prends !*

Jamais personne est déclaré mort dans le quartier chinois, ils font disparaître les corps pour revendre les papiers.
– Ils les bouffent !

Et la pension vieillesse, c'est pareil ! Pfuit !
– Plouf !
– C'est pareil !

Vingt ans que je le nourris ! Tu m'auras coûté cher en bouillons Kub toi !

On est les seuls à vivre dans l'univers et encore, y'a la moitié de chez nous qui est malade.

La petite école dans les petits villages est toujours à côté de la mairie et quand vous voyez la grande école dans les grandes villes elle est toujours à côté d'une pâtisserie, après on s'étonne.
– En sixième, ils sont énormes.
– Et l'instruction civique, zéro !

Moulinex, ça marche bien, j'ai le même depuis le début.
– C'est pour ça que ça marche pas.

Born in you ya cha cha !

On est tous des connards, et moi le premier, je le dis que je suis un connard mais il faut que tout le monde accepte de savoir ça, qu'on est tous des connards, toi, lui, moi, quand on a su ça, faut pas monter sur ses grands chevaux mais s'en servir pour que ça soit utile, non ?

À l'école, ils n'apprennent même plus le générique français !

Donner de la viande à manger aux vaches ! Et pourquoi pas des frites aussi !

Un gardien belge pour Bordeaux, eh ben, ils vont être bien gardés l'équipe de Bordeaux...

C'est Londres qui souffle le chaud et le froid !

L'apesanteur, tu peux le poser nulle part.

Le grand chic, c'est de boire à Paris.

C'est la politique qui tue la société !

Tu regardes le défilé du 14 Juillet ?
– Non, pas en ce moment.

Un nid en forme de Beaubourg, l'oiseau pond pas.

Born in you ya cha cha !

La course à la compétitivité va toujours contre l'emploi, le pire ennemi de l'emploi c'est la compétitivité, sans la compétitivité l'emploi irait mieux, ce qu'il faudrait c'est supprimer la compétitivité, là, on aurait nos chances... je crois en tous les cas, c'est ce que je crois.

Vous m'en ferez pas faire de la controverse !

Céline, on lui a fait beaucoup de mauvais procès.

Les Anglais valent pas mieux que les Britanniques, au final.

J'ai téléphoné pour annuler le rendez-vous parce que j'avais picolé la veille à Auxerre alors je lui raconte, je lui dis au dentiste que je puais de la gueule, lui, je sais pas, y'a que son pognon des soins qui l'intéresse, alors il me dit, venez quand même, j'y vais quand même, y me dit, venez, j'y vais, il a mis le nez dedans, moi je m'en fous, je dormais à moitié, après tout, il est payé pour ça, c'est comme le gynéco, on va pas se mettre un bonbon à la menthe dans le cul pour la visite, pas vrai ? Combien qu'y sont payés ces mecs en plus ? Pas vrai ? Alors ? Hein ?

Rentrez pas par la rocade, y'a les gendarmes.
– Merci, vous êtes bien aimable.

Atchoum !
Merde !
– Mon verre !

La météo, une fois sur deux elle se trompe... c'est un boulot qui me plairait ça !

... le passé maintenant ça dure dix minutes, sauf si c'est rediffusé.

Toi c'est pas mieux ta série préférée c'est Docteur Cul !

Le thé coule plus, le café est dégueulasse, tout le monde prend de la soupe à la tomate, c'est plus une machine à café, c'est une machine à soupe à la tomate.
– Il faut appeler les choses par leur nom.
– Je dois être le seul de toute la SECMA.

Tu m'y feras pas monter sur

On passe la moitié de notre vie à dormir et sans compter la sieste.

La violence, c'est une porte de sortie, pour certains jeunes qui ne savent plus où ils en sont...
– Moi ceux que j'en connais, pour eux c'est une porte d'entrée.

On perdra en quart de finale, on a pas les nerfs.
– Que tu dis, toi !
– Tu verras.

Les vaches folles sont sacrées alors personne est malade en Inde du coup mais ils en ont d'autres des ennuis, heureusement !

Si ils font autant de publicité pour le Coca-Cola, c'est que ça ne marche pas.

Simone Veil, elle a des sacrés jambons celle-là.

Dans la grande couture, t'as pas toutes les tailles.

Jean-Paul Gaultier, c'est celui qui fait les habits ? – Vous appelez ça des habits ? !

Avec la pierre philosophale tu peux écraser la gueule d'un philosophe, c'est pour ça que c'est très recherché.

Attention à mon froc !

Primagaz !

Une langue parlée trop vite, c'est difficile à comprendre pour un étranger, alors qu'écrit trop vite, il suffit de lire lentement, ça ne change rien.

Ben con ! Un brouillon de Louis XVI vendu, tiens-toi bien, deux cent mille francs, ben con, si il avait recopié au propre le brouillon tu pouvais multiplier le prix par trois-quatre, ah oui, trois-quatre...

Le Portugal contre la Croatie, c'est vraiment le match du siècle ça...

... elle ne passera pas leur potion de censure.

Si tu cherches une adresse de ministre, faut regarder dans les listes des HLM... ah c'est comme ça maintenant, et la famille des ministres, pareil, dans les loyers modérés, c'est là qu'ils sont, et si tu laisses faire, un jour t'auras Madonna parce que c'est la copine à Untel ou à Untel...

Tout le temps qu'on passe à la machine à café, à la fin de l'année, ça nous fait une plage de café soluble.

Les pistes cyclables qui suivent les même routes que les voitures, alors autant prendre sa bagnole et laisser son vélo...

Un Français dans l'espace, vu les étrangers qu'on a chez nous, pourquoi un Français ?

Ils ont pris un Français dans l'espace avec eux mais tu parles, c'est des couilles, c'est pour faire des expériences dessus.

... le repos éternel, si on vous réveille toutes les deux minutes...

Une fois j'ai pété dans une église, c'est le maximum qu'on faisait.
– Et pour ça, la baffe !
– Ah certainement oui ! Plutôt deux fois qu'une !

Encore une profanation de tombe !
– C'est la télé, ça leur donne des idées comme ça...
– La télé ? ! Elle a bon dos la télé ! Quand vous voyez Thalassa*, y'a pas tout ça !*

Qui c'est qui repaye le cercueil ?
– La famille.
– La famille du profané ?
– La famille du profané.
– Eh ben...

Plus rien n'est sacré maintenant, et même ce que je dis, ça veut plus rien dire.

Ceux de Carpentras, on les a jamais retrouvés.
– C'est des fils de ministres, évidemment !

Pour déterrer des cadavres, ils sont là, mais pour rempoter un lilas, plus personne !

... incinéré, on devient du marc de café.

Ils profanent les tombes juives.
– Oui mais bon, la nuit, on va pas éclairer les nôtres pour pas qu'ils se trompent tout de même !

Maintenant faut mettre une culotte propre pour se faire enterrer des fois que des jeunes vous déterrent !

Ils veulent quoi ?
– Ils veulent se marier, les jeunes.
– Mais avec qui ?

Avec ma retraite j'ai même pas de quoi m'en payer de la viande folle, alors si ils la jettent, moi je la prends.

C'est des jeunes qui font les cons, c'est pas méchant...
– En sortant des têtes !
– C'est pas méchant...
– En sortant des crânes des tombes !
– C'est pour jouer, pour faire les marioles...
– Ils ont pas d'autre jeu !
– C'est pour se faire peur...
– En volant les vieux os !
– Ils se les mettent dans la chambre...
– Et les livres de classe, ils les mettent où ! ?

... Une fois, un chat qui faisait caca sur la tombe d'Henri...

... C'est pour ça, moi, comme je vais être incinérée, on risque pas de me profaner en me sortant du cercueil...

... Elle est morte hier... on l'enterre demain... aujourd'hui, je vais chercher le costume...

... le bruit du moteur, ça me fait tiédir la cervelle.

Marche homosexuelle ! Pourquoi, ils ont pas de voiture ces gens-là ?

La germination du haricot, est-ce qu'ils l'apprennent encore au moins la germination du haricot ?

J'entends plus bien vous savez, j'entends plus que des bribes.
– Oh mais ça suffit.

Un mal de crâne !

L'Opéra de New York, déjà faut y arriver vivant...

La tronche de con de Coubertin ! T'as vu la photo ?

L'espace, c'est du vide qui coûte cher comme du super-plein à force...

L'homme dans l'espace, c'est pas sûr qu'il soit en situation régulière, on ne sait pas les papiers qu'il faut pour être dans l'espace...

La meilleure école de patience, c'est de faire cuire des saucisses dehors.
– Des sardines.
– C'est vite cuit, c'est pas la meilleure.

... je sais plus où je voulais en venir.

... **P**artisan du moindre effort.

Une bavette, JAMAIS t'en as mangé une comme ça !

Après manger, j'ai le cafard. – Tu bouffes trop.

Je suis peut-être le seul de France qui sait boire avec le nez, peut-être le seul de tous les gens qui boivent... huk !
– Arrête ! T'en fous partout !
– Vous y croyez à son plan de sauvetage de la Sécurité...
– Atchoum !
– ... sociale...
– Atchoum !
– ... à Juppé ?
– Atchoum !
– Eh ben...
– Trois semaines que je me soigne !

Mon demi
Mon demi
Tu le donnes mon demi
Mon demi tu me le donnes
Mon demi !
Rap d'enfer !

C'est de la merde à conduire leurs nouveaux avions.

Les journalistes avec Le Pen, tu parles, ils bouffent ensemble, ça fait monter l'Audimat, c'est tout ce qui les intéresse, tu parles...

Quand tu vois les ruines de Pompéi, c'est pareil que nous, y'en a pas beaucoup qui bossaient quand ça a dégouliné...

Je veux la même paye que Chirac !

C'est des écoles comme à l'armée, le premier de la promotion fait la chirurgie du cerveau et le dernier de la promotion fait gynéco, et il choisit pas la ville sinon tu prendrais gynéco outre-mer.

Les femmes, c'est des fouteuses de merde.

Ils nous cassent les pieds les maris avec leur football !

Le sprint sur cent mètres, c'est un sport qui va quand même pas loin... même déjà par rapport au deux cents mètres.... c'est un sport qui fait la moitié...

Pour moi, on est champion d'Europe, même si on perd la demi-finale, je m'en fous, on a fait le plus beau parcours, y'a que ça qui compte, et pour le reste, y fera jour... pas raison ?

... à part les Français, et je suis pas chauvin, ils jouent tous comme des merdes...

... On est plutôt la génération Cinzano...

Des surhommes mais pas de surfemmes.
– Wonder Woman.
– Wonder la femme, c'est pas une surfemme française !
– En France on a pas de surfemme.
– Pas UNE !

Vous fumez ?
– Et alors ?
– Vous êtes enceinte et vous fumez ?
– Oui, je veux un bébé fumeur, les non-fumeurs c'est des cons.

On va voir Jérome Maugis, tu viens ?
– ?
– C'est le sosie de Patrick Bruel, tu viens ?
– Où ?
– Au César, entre Clamecy et Varzy.
– Un sosie ?
– Il ressemble à Patrick Bruel, tu viens ?
– Les sosies, ça me fait chier, même à la télé.
– T'es fou ! Il ressemble à Patrick Bruel, tu viens ?
– Non.
– Tu viens pas ?
– Non.
– Eh bé t'es con, tu viens pas ?
– Non.
– Eh bé t'es con.
– J'en ai rien à foutre du sosie de Patrick Bruel.
– Alors viens pas, c'est tout.
– Je viens pas.
– Eh bé t'es con.
– Je m'en fous de l'autre enculé de Patrick Bruel.
– C'est pas lui, c'est un sosie.
– C'est pareil, c'est tous des enculés.
– Alors tu viens pas ?
– Non.
– Eh bé t'es con.

... il a dormi dans le fossé avec son vélo.

La Callas, le boulot que c'est la Callas !

Apollinaire, avec un p et deux l, comme un oiseau qui vole, deux ailes, et qui pète, un pet, c'est mon système pour me rappeler l'orthographe d'Apollinaire, deux l et un p, l'oiseau qui vole qui pète, c'est lui, le poète qui a écrit *Alcools*...

... Apollinaire, deux ailes, un pet...

On a perdu au tir au but, et les tirs au but, ça veut rien dire.
– On a mal joué, on était fatigués.
– Tactiquement, c'était moyen.
– En tout cas, on méritait de gagner contre les Tchèques qui eux, c'est encore pire !

J'avais acheté une télé, j'ai plus qu'à la revendre.

Les Tchèques contre l'Allemagne, c'est plus du tout l'Euro, c'est quasiment le bloc de l'Est...

Je sais pas ce qu'ils ont utilisé comme ballon mais qu'est-ce qu'il roulait vite !

On a perdu parce qu'on est les meilleurs ! Devant des cons on a plus envie de jouer et c'est les cons qui marquent ! Les cons ça a toujours envie de jouer !

Les Tchèques, tu parles... et c'est où d'abord la Tchéquie ? Ça existe ça la Tchéquie ?

Le Pen, au moins, y se prend pas au sérieux.

De toute façon, la coupe d'Europe, c'est de la merde à côté de la coupe du Monde...

J'emmerde la CGT !

... je serais l'équipe de France, je raserais les murs !

Je l'emmerde !

On a pas parlé du rôle paradoxal de la science.
– Mais si, bien sûr qu'on en a parlé !

Avec ma fausse dent et mes lunettes je suis quasiment bionique moi !

Un crotte de poule par terre chez eux ! On a bu un apéritif, on est partis.
– C'est bien les poules quand on peut en avoir, mais faut pas les laisser rentrer.
– Y'a pas plus chez elle au bout d'une seule fois qu'elle est rentrée chez vous la poule elle est chez elle ! Attention si vous avez une poule.
– Une poule, même pour les œufs c'est non.

Si ils nous interdisent de manger de la cervelle, c'est pas comme ça qu'on deviendra intelligent.

Celui-là de poteau c'est une oasis, tu appuies ton vélo contre, personne te le vole.

Dans les boîtes de Vache qui Rit, ils ont mis les images des joueurs de l'équipe de France, c'est pour ça que j'en achète pour le gamin.
– T'es sûr que c'est l'équipe de France ?
– Dans la Vache qui Rit, c'est forcé que ça soit l'équipe de France.

J'ai goûté le rouge et le blanc, j'ai pas eu le temps de goûter le rosé.
– Qu'est-ce que tu fais de tes journées ? !

D'abord, et d'une, je suis une eurosceptique...

Retour à la case départ !
– J'y suis allé à l'atelier, c'est fermé.

Avec tout ce chômage, faut être taré pour chercher du boulot.

Avant, les chiens gardaient les vaches et maintenant aux vaches on leur donne les chiens à manger.

Y'avait Brassens à France Inter.
– Il est pas mort celui-là ?

... avec ce qu'ils font manger aux vaches, si on attrape pas le sida...

... Ça change forcément la forme des bouses, les carnivores ne font pas de bouses...

Dans notre région, la carte postale a fait beaucoup de mal au soleil.
– Vous êtes où ?
– On est de Quiberon.

On ferait mieux de faire de la farine animale avec les chômeurs, tenez, ça serait plus avantageux pour tout le monde !
– Ou tous ces étrangers qu'on a, tenez.

Le Tour de France, c'est français, ça se court en France, c'est simple, c'est pour ça que ça a du succès...

Je peux pas manger les pattes de crabe quand il est pas là, les pattes de crabe, ça se mange à deux.

Et d'abord pourquoi les vaches mangent plus d'herbe ? !
– Techniquement, c'est trop compliqué.
– Si une vache qui mange de l'herbe c'est trop compliqué, on est pas sortis de l'auberge.

Ils vont interdire la tête de veau.
– Interdire la tête ?

Si on chiait dans notre froc plutôt que verser des larmes, on nous montrerait moins de malheurs aux infos...
– ...
– Quoique.

Le foot, ça fait des bras de grenouille.

Démonter l'armoire, sortir l'armoire de la chambre, descendre l'armoire dans le camion, rentrer l'armoire chez ma sœur jusque dans la chambre au fond du couloir, remonter l'armoire... je ferai pas ça tous les jours !

Des fourmis avec des ailes dans le buffet de la cuisine...
– Vous voulez un coup de main ?
– Ah oui, je veux bien.

... Mais l'abbé Pierre c'est un ancien nazi ! va savoir avec ces mecs-là, un coup de chirurgie esthétique, des faux papiers, des fringues genre Emmaüs, va le reconnaître l'ancien nazi là-dessous !
Y'a pas de Noirs au gouvernement, alors pourquoi j'en prendrais un ?

... Il avait du débit oratoire, celui-là, Malraux.

La mort, moi, faut pas me le dire deux fois, attention là !

De toute façon, des avions qui volent, y'en a trop.
– Le gouvernement rajoutera pas du ciel.

Pour faire de la spéléo pendant les vacances, faut pas beaucoup aimer les gonzesses en maillot !

Si ça existait, j'en achèterais des sous-vêtements Pernod-Ricard.

Le golf, il faut prendre sur soi.

Je m'en fous de sortir une truite, deux truites, cinq truites dans la matinée, c'est la technique de pêche qui est importante, la façon de sortir la truite, tu en sors une à peine avec ma méthode de pêche qui est technique, ou même tu sors rien de la journée mais ça vaut mieux que toutes les truites du monde que tu pêches avec une technique facile, tu comprends...
– Moi j'aime bien ça manger une truite.

Nous, on a vu un petit lapin à Pimançon.
– Et quand on dit qu'il n'y a plus de gibier...

... faudrait pas vieillir.

Les bonnes femmes, dès qu'elles sont virées de la télé, elles font des gosses, ça sert à ça maintenant les gosses, ou alors elles font semblant d'écrire un livre, ça sert à ça les livres et les gosses maintenant, c'est pour occuper les pouffiasses virées de la télé !

Dans ma vie, tout est un fait réel, tout, si.

Il faut bien balayer la scène parce que, avec le flamenco, on voit sauter les miettes...

... Je pense qu'il y a tout, les pêches, les carottes, les aubergines, les pêches blanches, les abricots, la salade, dites donc il fait meilleur ici, il fait plus frais qu'en voiture, là on est bien, les concombres, les carottes, j'ai encore une livraison et je vais manger, parce que après j'ai un deuil à quinze heures, alors merci pour le verre mais pas le temps, une autre fois merci !

Quel temps...
– On va même pas pouvoir sortir les boules.

J'ai rêvé de Bernard Tapie.
– Il t'a fait un chèque au moins ?
– Justement si, je travaillais pour lui et justement non, il m'a donné que la moitié de l'argent.

Ils foutent du jazz à la radio alors que c'est le Tour de France, ben merde !

C'est une catastrophe ce Tour de France !
– En France, plus rien ne marche, c'est pas en faisant le tour que ça va changer...

La mer c'est reposant mais faut pas se baigner parce que la baignade, c'est fatigant.
– Bagnères-de-Bigorre ou rien...

Jalabert, dans les choux, Indurain, dans les choux !
– La montagne a fait le trou.

Tu marques un but, t'es le Dieu du stade, le lendemain tu rates un but, t'es la chute d'un Titan, putain, ça va vite.

... C'est tous des charlots.

Si on réduit le temps de travail, alors ceux qui cherchent du travail ont déjà plus qu'un demi-travail à chercher...

... C'est tous des charlots.

Tapie, tu parles, il a des dossiers sur tout le monde, c'est pour ça qu'il est protégé !

... C'est tous des charlots.

Longtemps inaccessible, la Birmanie, eh bé putain, elle peut le rester !

... C'est tous des charlots.

Le carpaccio à volonté, je sais pas comment ils ne perdent pas de l'argent, vous savez vous ?
– Souvent c'est à volonté, mais une seule assiette.
– Aaaaaaaaaaaaaa aaaah... c'est ça... c'est du vol.

Le racisme, c'est naturel, mais c'est CE que l'homme il en fait qui n'est pas bien.
– Je sais pas.
– Si si.
– Je sais pas.
– Si si.
– Tu m'embrouilles.
– Le racisme, c'est naturel...
– Oui.
– Dans la nature.
– Oui.
– Mais c'est CE que l'homme il en fait qui n'est pas naturel.
– Je sais pas.
– Comme les flèches en bois d'arbre.

Je les ai à l'œil les médias !

Le sida, on est pas sûr que c'est pas un mensonge des médias encore ça.

T'en fais du bruit ce matin à respirer...
– Je respire par le nez, je suis à la retraite.

J'ai la crève.
– Prends du bouillon de poule, c'est l'aspirine de poule.

Ils vont exhumer les corps des gens tués en Bosnie...
– Un dimanche midi... tu parles d'un gâteau !

Le flic, il vient me voir et il me dit, l'alcoolisme est interdit sur la voie publique, de quoi je me mêle, et qu'est-ce qu'il en sait en plus !

John Wayne, c'est le justicier de l'Ouest, pour l'Est y'a personne.

... Surdoué mon cul.

Un gosse surdoué, en six mois j'en fais un con !

C'est tourné avec trois sous ce film, tu parles, c'est La Planète des singes *ce porno, tout le monde a le cul rouge, ils s'assoient sur des chaises entre deux prises, t'as la marque des chaises sur le cul de tout le monde, c'est n'importe quoi !*
– C'est fait exprès.
– Le cul rouge dans les pornos, c'est jamais fait exprès.

L'imagination, tu peux la commencer par la fin, ça change rien.

Les guerres c'est bien, ça fait de la place !

Les femmes adorent faire des gosses, alors qu'elles fassent des gosses et qu'elles nous foutent la paix, elles sont pas objectives.

Plus on leur interdit de faire des gosses et plus ils sont nombreux ces Chinois.
– Dans les régions de montagne, tu peux rien interdire...

Les juilletistes, c'est tous des pédés, jamais je suis parti en juillet, toujours en août, avec les aoûtiens mais les juilletistes, c'est tous des pédés !
– Vivement le mois d'août parce que tu commences à nous courir, toi...

L'Indochine, j'y suis retourné, j'étais dans les commandos, j'ai été très déçu, ils ne servent plus de soupes dans les rues.

... Sur un vélo tu peux pas arriver propre au mariage.

Une femme président de la République, oui d'accord mais bon, et si elle est enceinte alors déjà elle est en vacances ?

Pour pondre, le cul de la poule est mieux.

... Ce qui manque à la France c'est un déclic psychologique !

... J'écoute jamais de musique, la musique existerait pas, je m'en serais pas rendu compte...

Pour cent mètres, un sportif gagne ce qu'on gagne en dix ans, c'est ça qui va pas, ils confondent les mètres et les ans !

Le soleil est généreux ce matin.
– Ça lui coûte rien.

Tu chies un serpent ! tu deviens mythologique ! pas de nos jours ! dans l'Antiquité tu pouvais vivre là-dessus ! aujourd'hui rien ! point !

La Sécurité coûte plus cher que l'accident lui-même, c'est idiot !

Ça coûte très cher à la Sécu.
– Une reprise des accidents du travail au moins ça serait signe d'une reprise économique aussi à la limite vaut mieux plus d'accidents et plus de travail !
– Oui, à la limite...

Ils peuvent m'en mettre des écoutes téléphoniques, tiens, qu'ils m'en mettent, je m'en fous, je pète dedans !

Je lis le journal de n'importe quand, je m'intéresse pas tellement à l'actualité, je m'en fiche, ce que j'aime c'est les nouvelles.

La mer, c'est la mère, c'est pour ça que les enfants aiment autant la mer, c'est le retour à la mère.
– Y'a encore eu un noyé, tenez.

Les marées c'est l'attraction de la lune, un jour on construit des villes sur la lune tu vas voir tes marées, le bordel !

Vous avez des guêpes ?
– Plein !
– Nous on a des fourmis.

Toute la nuit ça a été la sérénade dans la chambre des gosses !

Monastir, Agadir, tu peux plus, les hôtels sont pleins de connards qui ont gagné à des jeux télé.

Je supporte pas le camping, j'ai peur la nuit, on est pareils qu'à dormir dans un cornet de frites !

C'est un question de confiance, si tu crois que dans les fourmilières on fait l'appel !

Les chiens n'obéissent plus, les jeunes n'obéissent plus...

... y'a presque plus de grillons, les sauterelles avec les ailes rouges et les sauterelles avec les ailes bleues qui s'envolent quand on marche dans les herbes vous savez, on en voit plus, les gros criquets verts vous savez avec le sabre à l'arrière on en voit plus, on emmène le Monopoly et le 1000 Bornes pour les gosses, c'est vrai qu'il fait beau mais ça peut changer...

Les mangez pas les coquillages que vous trouvez !
– Si, pourquoi ?

... On mangera le produit de notre pêche...

... avec cette chaleur, les ventouses se décollent du plafond et les mouches tombent qu'on est obligés de mettre du plastique même sur la salade de riz.

Je sais pas qui mais alors, y'en a un qui ronfle dans le camping !

L'herbe à regarder, c'est rafraîchissant, on aurait de l'herbe au bord des yeux plutôt que des poils, je vous dirais, c'est bien...

Tapie, il finira dans le porno.

Tapie n'a aucune envergure, aucune, il a pas les épaules, c'est un petit escroc de rien, d'ailleurs il fait du cinéma.

Poivre à steak, ça me fait rire, parce que ça fait poivre aztèque.
– Tu fais ce que tu veux, moi j'y vais.
– J'arrive, j'arrive...
– Oublie pas les boules.

C'est un enfant qui a jamais pleuré, il nous a pas coûté en mouchoirs.

Deux cent vingt morts, ça serait une bombe dans l'avion, paraît-il...
– Je ne comprends pas pourquoi on continue à vouloir faire voler des avions, ça ne marche pas, et ça ne marchera jamais...

Ça démarre mal leurs Jeux olympiques, ils ont déjà fait tomber un avion.

Ce qui m'épate le plus, c'est que Arthur de la télé il a trente ans, il a déjà plus un cheveu, j'aimerais pas le voir à quarante...

La télé, vieux dedans, vieux devant.

Ils ont pillé la république !

Juppé, il va prendre une balle dans sa gueule, c'est tout ce qu'il va prendre !

Ils piquent tous dans la caisse.
– Ils ont raison, personne dit rien.

Elle grossit, elle vieillit pas.
– Elle met sa jeunesse dans le gras, comme du confit.

T'es attaqué dans la rue, tu as pas le droit de te servir du karaté, il faut que ceux qui t'attaquent soient plus de dix sinon tu es radié et tu n'as plus le droit de mettre les mains en forme de raquettes.

Ça refroidit à une vitesse les nouilles !

Un demi... un panaché et toi, tu veux quoi ?
– ...
– Tu veux quoi ?
– ...
– Allez, tu vois pas que tu fais attendre la demoiselle...
– ...
– Elle m'énerve !
– ...
– Alors ? Mais c'est pas vrai ! Tu veux quoi ? Un Coca ? Un Orangina ?
– ...
– Tu veux quoi ?
– ...
– Décide-toi, sinon la demoiselle s'en va et tu boiras rien...
– ...
– Alors ?
– ...
– Elle est godiche ! Alors ? Tu veux quoi ?
– ...
– T'es pas toute seule !
– ...
– Tu veux quoi ? Et suçote pas ton appareil !
– ...
– Des fois, je la tuerais !
– ...
– Alors ? !
– ...
– Excusez-nous mademoiselle... servez-nous le demi et le panaché déjà et la suite on verra...
– ...
– Tu sais toujours pas ? Je plains son futur mari !
– ...
– C'est vraiment l'âge con ! Allez, hop, donnez-lui un Coca et ça ira comme ça !
– Non non un Pepchi !
– Tu veux un Pepsi ?
– Un Pepchi.
– Tu pouvais pas le dire avant ! T'as qu'à prendre tout le temps la même chose si tu sais pas.
– Un Pepchi.
– Un demi, un panaché et un Pepsi.
– Avec une paille.
– C'est ça, avec une paille.
– Vous avez les pailles qui sont tordues comme cha ?
– Ho ! C'est tout oui ?
– Et une rondelle de citron dans le Pepchi.
– Des fois, je la tuerais !
– Un demi ! Un panaché ! Un Pepsi rondelle avec une paille !

Il fait arrêter mon taxi pour acheter des fleurs !... ils vivent pas comme nous les gens du show-bizz...

J'aurais une coulée de boue dans ma cuisine, je deviendrais folle.

Vous me gardez le café, je vais secouer ma salade.
– Mais bien sûr, si y'a quelqu'un, j'appelle.
– C'est ça, appelez.
– Qui ?
– Je suis dans la cour... Angèle !

Je réponds jamais au téléphone !
– Personne t'appelle.
– C'est pareil.

Les journalistes normaux c'est déjà pas ça question vocabulaire, alors les journalistes sportifs, à part les dieux du stade ou la chute d'un géant si c'est quelqu'un qui perd, les rois de la petite reine pour le Tour de France, ils ont pas beaucoup de mots dans la boîte...
– C'est pas des vrais journalistes, en plus ils font pas de sport...

Nous, là où on habite, on est loin de la médiatisation.

Il est professeur de mathématiques en banlieue, c'est dur vous savez.
– C'est les paras qu'y faut leur envoyer !
– Quand même pas.
– Les paras, ça sait compter !

Le cinéma français c'est pas vraiment du cinéma, c'est plutôt encore du long métrage.

Tapie, il a dit qu'il voulait se suicider.
– C'est bien, un de moins.

La crotte, c'est la boîte noire du chien, on lit tout ce qu'il a fait.

Tous les matins elle me donne un œuf.
– Vous êtes à l'abri du besoin.
– Je suis planqué, avec ma poule.

La machine à laver, c'est le premier enfant du couple.

... à la campagne, on mange à sept heures.

J'ai un grillon dans la bite ?

Pour un cambrioleur, moi j'appelle pas les flics, c'est le coup de fusil direct !
– Et c'est toi qui vas en taule.
– Eh ben j'irai en taule, je préfère encore aller en taule qu'on me pique ma tondeuse, tu sais combien ça fait de fois qu'on rentre dans mon garage ?
– Dis.
– Quatre fois ! Plus une fois, une fois le mec est pas rentré parce que le voisin passait devant le pavillon, cinq fois ! La prochaine fois je te jure si je suis là direct, le coup de fusil, ah tu peux me croire !
– Et t'iras en prison.
– Je m'en fous, je préfère aller en prison qu'on rentre dans mon garage !

Il dit toujours qu'il va faire moche le gars de la météo de la radio le matin et il fait toujours beau, c'en est un qui se venge qu'il a pas de vacances...

Mon royaume pour un demi !

L'hérédité, en fait c'est de l'inné acquis en fait, mais pas acquis par toi, c'est de l'acquis transmis en inné en fait...

Deux cent trente kilomètres aller Montpellier, deux cent trente kilomètres retour Montpellier, ça vaut le coup non ?

Le Burundi, ça va jamais, le Rwanda, ça va jamais, ça les regarde après tout...

J'ai fait trente ans d'armée, j'ai eu la médaille militaire, maintenant c'est de la merde tout ça !
– Vous embêtez la clientèle.
– Je t'emmerde, blanc-bec !

La Bretagne, on ne sait jamais si il faut mettre l'imper ou le maillot de bain.
– Vous connaissez bien ?
– J'y vais tous les ans.

Les Noirs sont encore plus racistes entre eux que nous avec eux.

Là où l'avion est tombé, dans deux ans, ça sera un coin à homards.

Il reste cent dix-huit corps au fond de l'eau.
– Ça leur fait des vacances.

Les Américains applaudissent que les Américains, les Français applaudissent que les Français, chaque pays devrait faire les Jeux olympiques chez lui, à la limite... vous applaudissez les Roumains, vous ?
– Je suis pas meilleur que les autres.

Vous avez vu la bombe à Atlanta ?
– Non, je regarde pas le sport.

... C'est pas sûr, c'est peut-être une invention des médias.

Chaque athlète lave ses slips ou bien ?

... faudrait pas qu'ils mettent des bombes partout...

... On s'en fout, on a nos médailles.

... Pour une fois que c'est pas chez nous...

Je sais pas ce qu'ils mangent les gars à Atlanta mais moi j'ai mangé du filet de hareng.
– Remarque tu t'en fous, tu fais pas les Jeux olympiques.

C'est un apéritif phare, le pastis.

... rien à foutre, même en Angleterre, je roule à droite, c'est pas mon problème...

Les menhirs, fallait pas être fainéant, trouve un jeune qui te fait un menhir, tiens...
– Ils croyaient à quelque chose...
– Trouve un jeune qui te fait un menhir, tiens.
– C'était une autre époque aussi...
– Trouve un jeune qui te fait un menhir, tiens.

Même si ton permis de conduire est plus bon en France il est encore bon à l'étranger, en Espagne il est bon, au Portugal il est deux fois bon, tu verrais comment ils conduisent là-bas, toi, même bourré, t'es Alési à côté des Portugais, t'es le dieu de la conduite avec tes grammes.

Je supporte pas les verres de contact, ça fait des yeux en aquarium.

Les Espingouins, tiens, ceux-là, on les voit plus souvent à la sieste qu'au boulot les Espingouins...

Je cherche à acheter une pendule.
– À c't'heure-là ?

Tu m'tueraaaaaaaas !
Si tu t'en vaaaaaaas !

Tu m'tueraaaaaaaas !
Si tu t'en vaaaaaaas !

Tu m'tueraaaaaaaas !
Si tu t'en vaaaaaaas !

Il est bien ?
– J'ai lu une ligne, j'ai rien compris, et le vôtre ?
– J'ai pas commencé.
– Vous me le prêterez s'il est bien ?
– Vous le voulez tout de suite ?
– Plus tard.
– Non non prenez, je le lirai après, vous me direz...

Tiens-toi droit ! À dix ans t'auras une bosse !

Cette année, personne.
– Et la colonie de vacances de Montargis ?
– Les moniteurs boivent pas !

Il a une idée tordue dans la tête, tu lui parles, il écoute rien ça rentre pas, c'est une idée tordue qui lui fait un siphon et rien passe.

Wagner, c'est pas de la merde de variétés !
– Même en musique, le plus important c'est la qualité du produit.

Les fous ont des yeux mais pour voir ce qu'y voient y peuvent les ramener à la caisse !

Jésus, toujours à l'heure.

Plus personne achète de viande, les gens ont peur de la viande, et pourtant quand on les voit en maillot les gens ils sont pas faits en légumes !

Des tremblements de terre en Savoie maintenant.
– On est plus en France, on est en Inde, voyez les problèmes de viande, on a les mêmes problèmes que les pays chauds...

Quand t'as piloté un hélicoptère tu peux en parler de l'hélicoptère, sinon tu fermes ta gueule.

Les grosses chanteuses, y'a bien des moments où elles pètent a cappella.

Il reste chez lui là-haut à rien faire, comme une feuille d'arbre.

On a qu'à envoyer la viande aux pays qui meurent de faim, des tonnes de viande qu'on brûle, des tonnes.
– C'est de la viande contaminée.
– Y'a eu trois morts, la famine c'est des milliers de morts, ça leur ferait plaisir d'avoir que trois morts chez eux à cause de la viande, ah oui, ça leur ferait plaisir...
– Mais non...
– Mais si...

... le sport je m'en fous mais les attentats, ça m'intéresse.

Y'a Pérec qui court cet après-midi, après la bombe, c'est pas bon pour le moral.

C'est une pro, elle s'en fout, elle réussira à se concentrer, y'a presque pas de morts, et même... si elle gagne pas l'or, c'est pas ça qui va les ressusciter les morts, faut pas mélanger le sport et la politique, la politique, hein, bon, Tapie, compagnie, les attentats, stop cinq minutes, on est en vacances, en plus c'est des gens qui étaient dans un concert de musique, c'est comme le Boeing, un attentat de plus, un de moins, ça change quoi, ça fait tout un ramdam parce que c'est des Américains qui se font sauter la gueule pour une fois, ça leur fait pas de mal, tiens, à ceux-là, la bombe aurait été sur un site olympique, là je dis pas, mais dans un square à la con la nuit franchement, c'est pas la station Saint-Michel chez nous, ils ont fait sauter trois branleurs, tu parles d'une affaire ! Elle l'aura sa médaille d'or la petite Pérec, tu paries ?

Tout est démesuré en Amérique, tout.

J'ai pris deux kilos pendant les J.O.

C'est un Américain qui a posé la bombe.
– Bien sûr, ils ont presque pas de médailles, alors ils foutent la merde... c'est humain.

Ce qui m'inquiète, c'est d'avoir laissé mes plantes vertes.
– Personne vous les garde ?
– La voisine me les arrose mais c'est quand même pas pareil.
– Pour le cent mètres, vous avez qu'à regarder, c'est que des Noirs.
– La course à pied, d'accord, mais regardez la Formule 1, c'est que des Blancs, comme tout ce qui est technique...

Le saut à la perche, ça ne sert à rien dans la vie, on ne court pas après le bus avec une perche...

Quel bordel ces Jeux !

Le tir à l'arc ça va bien dans les films mais aux Jeux olympiques ça fait vieux.

... C'est le merdier, c'est pour ça qu'on gagne des médailles, on se croirait chez nous...

T'as pété ?
– Ah non !
– Si t'as pété, celui qui pète sans le vouloir est un âne sans le savoir, c'est ma grand-mère qui disait ça, elle est morte.
– Pas de trucs tristes aujourd'hui !

... je suis italien, je suis venu en France en 39, j'ai fait six ans dans l'armée... je suis français... j'ai été brutalisé français !

... le monument le moins lourd c'est la musique.

... j'ai même des grains de blé dans mon porte-monnaie, qu'est-ce que ça fait là, faudrait pas qu'on croie que je suis paysan...

Le square Montholon, c'est un square qui date du Moyen Âge.

Quand tous les musées sont fermés, on revient à l'âge de pierre.

Les enfants martyrisés, ça fait de bons guides de montagne...

Chirac, il doit pisser loin quand il sort pisser dehors.

Klink ! Merde, le troisième depuis ce matin... je sais pas ce que j'ai, j'ai tout qui me glisse...

– C'est organisé par Coca-Cola.

On leur voit beaucoup la raie des fesses aux coureuses, je trouve.

Dix ans d'entraînement pour courir dix secondes, ça va tellement vite le cent mètres.

À part Mozart, des Juifs géniaux, cite m'en un autre ?

C'est quand l'hiver ? Y'a l'automne d'abord non ?

... On a pris en pleine figure la crise de la chaussure.

Ça sent bon chez vous...
– On parlait de la gamine violée.
– Ça n'empêche, ça sent bon chez vous.

Il est beau votre fils.
– Oui, mais il a un caractère ! Dis bonjour.
– T'es pas ma mère !
– Qu'est-ce que je vous disais ?

Il est tellement vieux que même son fils s'appelle Maurice.

On a visité le lavoir.
– Vacances de cons !
– ?

On nage vite avec des palmes comme ça ?
– Je sais pas, elles sont pas à moi, elles sont à quelqu'un...
– Un ami à vous ?
– Oui, un camarade.
– ?
– ...
– Vous êtes au camping des pédés ?
– Ah non non non non non non.

Alors, qu'est-ce que je vous sers ?
– On peut se baigner après le rosé ?
– Bien sûr.
– Alors un rosé.

Les spectacles historiques on ressort moins idiot.
– Nous avec Francis, on aime pas tellement ça.

Jamais deux sans trois comme on dit.
– On le dit plus.
– Nous on le dit.
– Vous êtes de quelle région ?

Moi, j'aime bien nager avec la bite dans l'eau.

Tout ce qui est culturel m'intéresse mais pas trop quand même, après deux minutes je m'emmerde.
– Demandez voir à mon mari, il est pareil.
– Les châteaux, je m'emmerde !
– Voyez...
– Comme le mien.
– Les châteaux, je m'emmerde !
– Voyez...
– Comme le mien.

Mais d'où elles viennent toutes ces mouches ?!
– C'est les mouches qui arrivent avec les Parisiens.

Les idiots des villages maintenant ils sont dans les villes.

Vous m'y verrez jamais au Festival d'Avignon !

Le seul festival qu'on a fait une fois, c'est la Fête de la bière.

Pour cent balles, quand t'es pauvre, tu préfères la viande.

Ils se plaignent qu'ils sont en grève de la faim depuis trois semaines, hé, ils sont pas obligés ! T'es en grève de la faim toi ?
– Et je me plains pas.

Tu prends la route après un cassoulet ?

Rien qu'en mangeant des moules on est plus en forme, et c'est que des moules.

... le reste de l'équipe continue mais moi j'ai arrêté d'être sur Andromaque.

Fort Boyard, la grand-mère croyait que c'était les Jeux olympiques.
– Pour les vieux c'est des gens en short.

Ça vaut le coup, et attention ! faut voir l'organisation !
– C'est les Allemands.
– Pas de bagarres, tout bien.
– C'est les Allemands.

Prison à l'île de Ré, à sa sortie tout bronzé.
– Vous appelez ça de la prison, je suis évêque...
– Récidive, on les refout en taule, ils rebronzent.
– Pape !
– Vous rebuvez quelque chose ?
– Tout ce que je dis je le fais.

La prison à perpétuité, ils te font sortir six mois après, tu parles !

Les plus beaux tee-shirts c'est les américains.

Quand j'étais jeune, j'étais belle.
– Mais vous êtes encore belle !
– Mais non, elle, c'est ma fille.

C'est malheureux à dire mais à l'Assistance publique c'est des cinglés, ils m'en avaient placé un, il me jetait les casseroles au plafond !
– Et les mirabelles.
– Oui maman t'as raison, et les mirabelles ! Les femmes, elles font les enfants et elles les abandonnent à l'Assistance, nous on les prend chez nous et ils nous jettent les casseroles au plafond !
– Et mes mirabelles.
– Oui maman, et les mirabelles, après deux enfants, stérilisées de force ces femmes-là !
– Et mes mirabelles.
– Oui maman, et tes mirabelles.

Le soleil brille de plus en plus, c'est pour ça qu'on a de plus en plus de la chaleur forcément ça nous tombe dessus, la chaleur monte pas.

Quand les comédiens seront tous en images de synthèse, le Festival de Cannes pareil, on l'aura à la télé.

J'aimerais être dans les affaires parce que y'a le repas.

Avec tous ces gosses, y'a que aux cabinets que je suis tranquille...

Vous vous souvenez l'éléphant qui monte sur les verres, c'est ces verres-là qu'on a.

Un grand orchestre c'est bien mais d'un autre côté c'est pas bien, les musiciens ont pas le temps de se connaître.

Tous ceux qui portaient les hallebardes étaient bourrés ! comment y'a pas de blessés à leur nuit médiévale je me demande !

On a pas le droit d'être bourré dans la rue.
– Ben où alors ?

Tu viens à la Bambala ?

Il aime les pâtes mais il aime les pâtes ! il en mange à la maison tout le temps mais il aime les pâtes jusqu'au point d'aller au restaurant manger tu sais quoi ? Des pâtes !

C'est la bite de la fleur et toi tu mets le nez dessus !
– Là ? Quoi ?
– C'est la bite de la fleur.
– Ça, là ?
– C'est la bite de la fleur et toi tu mets le nez dessus.
– Où c'est qu'y va chercher ça lui !
– C'est la bite de la fleur j'te dis.
– Où c'est qu'y va chercher ça lui !
– C'est la bite de la fleur j'te dis.
– Où c'est qu'y va chercher ça lui !
– C'est la bite de la fleur, demande tu verras.
– Pourquoi tu m'as acheté ça toi ? !

... Je sais pas ce qu'ils mettent dans leur lumière mais qu'est-ce qu'elle fait mal aux yeux cette boulangerie.

Nanar...
– Nanar, le grand Nanar.
– Oui, le grand Nanar ?
– Tu l'a vu ?
– Non.
– Il est pas parti à l'armée ?
– Nanar ?
– Le grand Nanar, il est pas parti à l'armée ?
– Le grand Nanar ? Je sais pas.

C'est le chômage qu'on devrait apprendre à l'école !

Personne pourra arrêter le chômage, ni la droite, ni la gauche, pour arrêter le chômage faudrait que le travail serve à quelque chose et ça sert plus à rien, moi depuis cinq ans j'ai plus de boulot eh ben, j'ai pas maigri !

Eltsine, je le verrais au comptoir ici, je sais pas si je lui confierais la Russie à ce mec...

... excuse-moi c'est vrai. **... C**'est pas vrai ? **... q**uoi merde enfin...

Je sors plus.
– C'est vrai tu sors plus.
– Je sors plus.
– T'étais pas casanier comme ça l'année dernière, t'étais pas comme ça.
– Je sors plus, le samedi midi habituellement traditionnellement je sors, je sors plus.
– C'est vrai ça, tu restes de plus en plus à la maison, comment ça se fait ça ?
– Pour la pétanque quand j'ai su le concours j'aurais pu venir boire un coup, non, je sors plus.
– C'est vrai ça, tu sors plus de la maison, quel pantouflard.
– Dimanche à la garden party, eh ben, je me suis emmerdé, j'avais qu'une envie c'est de rentrer, à huit heures on a replié les cannes et on est rentré à la maison.
– Tu t'es fait suer ?
– Ah oui, je me suis emmerdé, dimanche ! Ah oui, je me suis emmerdé.
– T'as bien participé.
– Je me suis emmerdé.
– Pendant le spectacle ?
– Ah non, c'est pas pareil, mais j'avais qu'une hâte, c'est de

Les discours d'Hitler, moi ça

... C’est même pas sûr que je le serve, Eltsine, si il est dans le même état que pendant son investiture !

... **c**’est vrai non ? ... **b**ien sûr que c’est vrai ! ... **b**ien sûr.

rentrer, c’est pour ça là, je sais pas si j’irai... concours du plus gros mangeur de boudin... vente de miel... soumaintrain fermier... escargots... vins de la région... ratafia de cidre et cidre... démonstration de labours... artisanat... émaux... émaux... émaux... c’est quoi les émaux ?

... **n**on ?

– C’est comme faisait l’instituteur.
– Monsieur Touzelet ?

... **a**lors...

– Oui.
– Le jeune là ?
– Oui, c’est des assiettes en fer qu’on fait cuire.
– Des émaux...

... **n**on ?

– Des assiettes peintes qu’on met dans le four.
– C’est ce dimanche... c’est loin... je sais pas si j’irai.
– Il est pantouflard celui-là... mais t’étais pas pantouflard comme ça l’année dernière toi.

... **m**ais si !

– C’est l’âge, p’têt... tiens, tu me remets un coup et on y va... même la promenade du soir avec les chiens, je la fais plus.
– Ah oui, c’est vrai...

... **b**on...

– Tu nous remets ça et on y va.
– Tu deviens pantouflard toi dis.
– C’est l’âge, p’têt...
–P’têt...

... **q**u’est-ce qu’on boit ?

m’aurait mis la puce à l’oreille.

Si les gendarmes se mettent juste devant, j'ai plus qu'à fermer boutique moi !

Une femme président de la République ? Et pourquoi pas un chien !

Je te paierai demain.
– Certainement pas ! C'est fini ce temps-là !

La grande musique, elle est jamais plus grande que le trou de l'oreille.

La petite assassinée, l'affaire rebondit.
– Comment ils parlent les journalistes, c'est pas un ballon cette petite.

... toutes les deux minutes un avion passe au ras du toit, on risque pas d'avoir des guêpes sous les tuiles...

Le pire quand tu fais du naturisme c'est tu te promènes tout nu et tu marches dans la merde de quelqu'un, c'est horrible.

Les coups de soleil sur les parties, alors là oui, on déguste !

Quand t'as faim, la meilleure compagnie c'est madame assiette.

Un café et un petit ballon de côtes.
– Le rouge et le noir !

Il écrit mieux que Victor Hugo !
– Victor Hugo il est mort, c'est facile.
– Simenon, il a fait quatre cents livres.
– Simenon il est mort, c'est facile.

Il faut toujours aimer ses enfants... oui... toujours...
– Tu ferais mieux de rentrer.

Une heure de vélo à Paris, tu respires autant de merde que si tu fais cinq heures de bagnole en fumant le cigare, alors je préfère rouler cinq heures en fumant le cigare que faire le con sur un vélo !

Si la vie existe sur Mars, y'a pas de raison qu'elle existe pas ailleurs.
– Ici.

C'est pas de la vie sur Mars, c'est des bactéries.
– C'est vivant une bactérie !
– Pas chez moi, je passe tout à la Javel.

... des microbes martiens maintenant !

L'homme est tout seul dans l'univers.
– On sait pas.
– D'autres vies, ça servirait à quoi ? Hein ? Déjà toi ici, tu t'engueules avec tout le monde.
– Et alors ? ! Je t'emmerde !

Soixante-quinze morts dans le camping... – Comme ça la prochaine fois ils iront à l'hôtel !

Ils ont annoncé des orages à la météo...
– Le pain est déjà mou, regardez, non mais touchez si je mens.

Tu glisses sur une merde, tu te casses une jambe, tout est dangereux.

On peut rien contre un torrent de boue, même un bon nageur peut rien faire, c'est pas de l'eau, c'est de la boue avec des pierres et les truites c'est des caravanes...

Ils construisent les campings dans des entonnoirs et après ils disent du mal des entonnoirs, c'est un peu facile aussi...

Capitoul ! Capitoul ! La météo avec les fromages frais du berger, Capitoul ! Didou didou dida didou !

... Sa femme doit pas rigoler tous les jours...

... il est fou...

... toutes ces voitures emportées par la boue, ça fait toujours ça de voitures en moins sur les routes...

Qu'est-ce que j'ai pu la faire l'école buissonnière ! J'allais au car et je me cachais dans le lavoir, après je disais, j'ai raté le car, j'ai raté le car !
– Je me souviens, je sais pas ce que j'y faisais, j'étais toute seule dans l'école, y'avait pas d'élève, j'étais toute seule, je devais être chez moi normalement, j'étais toute seule, c'est flou comme souvenir, je vous parle de ça j'avais cinq ans, j'étais petite...
– Qu'est-ce que j'ai pu la faire...
– Je sais pas ce que je faisais là, franchement, je sais pas.
– Qu'est-ce que j'ai pu la faire.
– Ça a pas sonné midi à la mairie ?
– Quelle chaleur...
– Nantes, et après Auxerre.
– Ah ah !

... un autre.

... attention, je tache !

Je me suis tellement fait chier au camping où on était que si on avait été au camping tragique, finalement, j'aurais préféré...

Y'a pas pire pour le

Elle est sulfureuse comme mes couilles la patronne ce matin !
– Vous avez de la chance que le patron soit pas là parce qu'il aime pas beaucoup quand on me parle comme ça...

... eh ben, il est dans un drôle d'état lui...

... que y'a une chance sur mille, sur un million, que y'a une chance sur un milliard, que y'a une chance sur cent milliards, moi je dis que... un bienfait est jamais perdu !

Au cinéma, quand on s'ennuie, on ne peut pas regarder par la fenêtre.

Les pyramides des pharaons restaient sur place, on les portait pas jusqu'au cimetière avec la famille qui suit derrière comme nous on fait.

Rien qu'en France, on a des milliers d'étoiles.

C'est un apéritif mutant fait à partir d'un mélange de plusieurs autres apéritifs.
– Un cocktail ?
– Oui, mais mutant.

... il est pas rentré de la nuit.

On voulait de la pluie, on en a !
– Oui mais là c'est trop !
– De toute façon on est jamais content.
– La semaine dernière je voulais arracher mes patates, pas moyen avec la terre comme du ciment et ce matin j'ai voulu y aller, c'est que de la boue, ça colle, pas moyen de faire rentrer quoi que ce soit !
– De toute façon on est jamais content.
– Faudrait que ça réchauffe jusqu'au 15 août.
– De toute façon on est jamais content.

Alors Marcel, tu dis plus bonjour ? Ça y est, t'es président de la République ?

... je suis comme Johnny Hallyday, j'aime la vérité.

Le pape, c'est rien qu'un fonctionnaire comme un autre.

C'est pas parce qu'on est mardi que c'est pas un jour comme les autres.

cœur que le sport.

Bachelard se tapait une Suzanne.

Cinquante francs les quatre nains de jardin, on en a pris huit.

***C**'est une fête de la mer qui a tourné au drame...*
– Des moules ?
– Hein ?
– Des moules ? Une intoxication ?
– Mais non, un bateau qui a coulé.
– Je peux pas deviner !
– Vous vexez pas, je comprends très bien, on pense tout de suite aux produits de la mer.
– Vous me dites une fête de la mer, pour moi immédiatement, c'est une fête où des gens mangent, comme la fête des champignons, si je vous dis fête des champignons qui a tourné au drame, vous pensez quoi ?
– Des champignons mortels... non, la foudre, oui, la foudre !
– Vous pensez pas à un accident...
– Pas forcément.
– Alors quand je dis les moules, c'est pas une raison pour me prendre pour un idiot !
– Je vous prends pas pour un idiot, ah non, certainement pas !
– C'est rien.
– Je vous jure.
– Je m'en fiche.
– Vous vexez pas.
– Je me vexe pas... je m'en fous... vous avez vu aussi, ils ont viré les nègres de l'église, ceux de la grève de la faim, c'est pas dommage !
– Il repleut.
– C'est ça, parlons de la pluie !

Tous les gens que je côtoie ont de la philosophie, je préfère.

... Ça évite les mauvaises surprises...

T'es de là-bas ? Comment on dit camembert en créole ?

La musique d'église, tu baisses le plafond, t'as de la variété.

En Éthiopie la nature c'est tellement beau, on dirait du Bernard Buffet.

... ils savent égorger, là-bas, tiens...

Ils vont mettre les cendres de Malraux au Panthéon.
– Tant mieux pour lui finalement.

Il le mérite, ah si, il le mérite !

Le Panthéon, c'est le plus grand cendrier du monde !

Je comprends pas pourquoi les parents leur achètent toujours des grandes barquettes, les gosses finissent jamais leurs frites !

Ça plane pour moi ! Toutoutoutoutoutoutoutou !
Ça plane pour moi ! Toutoutoutoutoutoutoutou !
Pour moi ! Moi ! Moi ! Moi ! Moi ! Moi ! Moi !
Ça plane pour moi ! You you you you you you you you !
Toutoutoutou !
Toutoutoutoutoutoutoutou !

Moi, j'aime pas la Contrex, j'aime pas l'étiquette.
– Moi, j'aime pas l'Évian, ça me rappelle l'hôpital.

À cinq ans il dit allô, on dirait qu'il a téléphoné toute sa vie.

Tout le monde est mort dans ma famille !
– Paye d'abord ce que tu dois.
– Tout le monde est mort dans ma famille !
– Chaque fois que t'as soif, tout le monde est mort.
– Tout le monde est mort dans ma famille !
– Paye, après on verra... celui-là, faut se le faire...

... On se casse, y'a que des vieux.

Branleur !

Shakespeare ? Houla !

T'as pas de gosse ? T'es la mouche du coche alors !

Je vais annuler mes vacances pour boire l'apéritif avec toi.
– Mais non, il ne faut pas.
– Mais si.
– Mais non, il faut partir.
– Mais non, je pars pas, je bois l'apéritif avec toi.
– On va pas boire l'apéritif pendant un mois.
– Ah bon ? Et pourquoi non ?
– Allez, il faut partir maintenant.
– Je veux partir avec toi.
– Mais non.
– On boira l'apéritif tous les deux où tu veux.
– Mais non, ta femme t'attend.
– Ma femme ?
– Ta femme t'attend.
– Où ma femme elle attend ?
– Chez toi ?
– Qu'est-ce qu'elle fait chez moi ma femme ?
– Elle t'attend.
– M'en fous.
– Il faut rentrer.
– M'en fous, je pars pas, je veux boire l'apéritif avec toi.
– Qu'est-ce que tu bois ?
– Rien, j'ai pas fini.
– Finis.
– Une seconde.
– Finis, que je te paye l'apéritif, c'est les vacances après tout.
– C'est les vacances, oui, c'est les vacances.
– Tu vas où en vacances ?
– Je pars pas, je travaille.
– Tu travailles ?
– Oui, je travaille.
– Tu veux que je travaille avec toi ?
– Non.
– Je travaille avec toi si tu veux ?
– Non, toi, tu pars en vacances.
– Non, je veux rester travailler avec toi.
– Tout à l'heure, tu voulais rester pour boire l'apéritif.
– Les deux !
– Allez, t'as assez bu, ta femme t'attend.
– Où elle est ma femme ?
– Chez toi, elle t'attend pour partir.
– Je veux pas partir.
– Vous allez où ?
– Nulle part !
– Eh ben... elle va être contente ta femme...
– Elle est où ?

– Pénible, à force...

Moi la capote c'est ancré.

L'Esquimau c'est le contraire, l'eau froide c'est de l'eau chaude.

Vous êtes dans le dictionnaire, si vous vous appelez Gambetta.
– Pierre Gambetta.
– Eh ben putain ! Eh ! Il est dans le dictionnaire lui !
– Ah bon ?
– Il s'appelle Gambetta !
– Pierre Gambetta.
– Eh ben putain, c'est la première fois que je vois un mec qui est dans le dictionnaire !

J'ai toujours l'impression que c'est quelqu'un d'autre qui marche depuis que j'ai mis le gravier devant la maison.
– Ça fait ça quand on marche sur du gravier la nuit, on se retourne, j'en ai aussi à la maison.

... C'est pas que ça sente mauvais, mais ça sent beaucoup.

Le jazz, pas plus d'une demi-heure, de toute façon, comme c'est toujours pareil...

... je suis tombé EXACTEMENT là où vous êtes...

Étouffer et violer une gamine, y'en a qui ont de ces idées...
– Y'a pas de guerre, on s'entre-tue pour autre chose...

Va dans le désert, tu ouvres une boîte de sardines, tu attends, tout de suite t'as une mouche qui se pointe, tu sais pas d'où, c'est des drôles d'insectes.
– C'est des insectes normaux qui vivent dans le cul des chameaux.

... en chambre d'hôte, tu chies au lit c'est encore pire qu'à l'hôtel puisque tu as eu un accueil personnalisé.

Michael Jackson, il a pas intérêt à se mettre au soleil sinon tu retrouves même plus le slip.

Vous avez entendu les chevaux perdus dans la nuit ? Les sabots sur la route ? J'aurais bu le soir, j'aurais cru à un mensonge de nuit...

La lune elle fait la marée mais la terre elle fait quoi en contrepartie ?

On demande toujours aux putes et aux flics pourquoi ils font ça, jamais aux dentistes.

Au revoir messieurs dames, merci !
– Au revoir messieurs dames merci !
– Et après, tu dis ? Qu'est-ce que tu dis après ? Tu dis ?
– ...
– Bon après-midi !
– Bon après-midi !
– Vas-y...
– Au revoir messieurs dames, merci ! Bon après-midi !
– Si ils sont déjà dans la rue, ils t'entendront pas.
– Au revoir messieurs dames ! Merci ! Bon après-midi !
– Bon... tu peux prendre ta pause.
– Merci.
– Une demi-heure, pas plus.
– Pas de danger !
– Il est bien ce petit... mais faut pas trop leur dire parce que après...

Son assiette de charcuterie pourrie, le Radeau de la Méduse que c'est !

Vous, c'est 95 B, vous êtes large du tour.

Moi je fais plus de compliments, c'est trop compliqué.

Une sécheresse ! On a pas vu ça depuis 76, pas une goutte, l'herbe est toute jaune, y'aura plus rien à donner à manger aux vaches bientôt.
– Faudra leur donner des farines empoisonnées.
– Si y'a que ça ! On va pas les laisser mourir de faim quand même !

Il a couru le contre-la-montre, c'était contre-la-pendule, gros cul !

Bonjour messieurs dames, je vous demande un peu d'attention messieurs dames, je suis polonais, les socialistes et les communistes mettent partout des gaz mortels qui tuent et qui attaquent les dents, merci messieurs dames de m'avoir écouté, bonne journée messieurs dames !
– ?
– ?
– ?
– ?

... Ma mère elle est vieille, elle secoue la salade.

S*chwarzenegger, il se bat jamais, rien que tu le vois, tu lui cherches pas la merde à Schwarzenegger...*
– On sait que tu sais le dire !

*... **e**n Levi's comme ça, on peut pas monter en haut, ils font rester en bas, quatre-vingts francs l'entrée et la conso et on reste en bas, c'est la boîte, il faut le costard, c'est une boîte de bourges, on reste jamais, on se barre ailleurs, on va au Soft, je connais tout le monde, tu parles, j'habite à quatre kilomètres du Soft, on s'éclate, t'habites où ?*
– Aux Bordes-la-Gousse, à côté de Dixmont.
– Euuuuu... on se revoit si tu veux, j'ai une perm' dans quinze jours.
– Oui, pourquoi pas ?
– On se fait la bise ?
– Oui d'accord.
– Rote !... moi je rote toujours avant.
– Oui... euh... d'accord.

Bon, tu rentres ou tu sors ?

*... **e**t Tsink et poët, c'est plus possible de se trimbaler en France pendant les vacances, t'as des festivals de musique à la con dans toutes les villes, et Tsink et poët, ohhhhhhhh, assez !*
– Tous ces festivals partout, mais on est pas en Afrique.

L*a vache folle, ça se transmet au veau maintenant...*
– Ma mère elle avait du diabète, j'en ai, c'est pas la peine de dépenser de l'argent dans les études, on m'aurait demandé, je l'aurais dit.

... **m**e faites pas parler, j'ai mangé de l'ail.

C'est des assiettes creuses qui gardent bien la chaleur... la soupe agonise plus longtemps que dans les autres assiettes avant d'être froide.

C'est un microbe ambulant ce pape !

... **l**a fenêtre ouverte, je m'enrhume.

... **O**n est en pleine dégénérescence.

L'espérance de vie de l'homme c'est d'être vieux, ça sera jamais plus.

Faut toujours se dire qu'il y a pire mal logé que nous.

... **j**'y vais, pour pas être en retard à la visite de mon genou.

On a fait des bocaux de cornichons, comme ça on a nos cornichons, avec nos bocaux de cornichons, on vit en autarcie pour les cornichons.

De quel droit à La Poste vous mettez les saints du calendrier ?
– C'est pas nous.
– Et la séparation de l'Église et de l'État ?
– Moi j'en sais rien, je m'en fous.
– En France, tout le monde se fout de tout !

Y'a des pays où un trou du cul par personne, c'est trop, et des pays où un trou du cul par personne, c'est pas assez... hein ?

Un bon canon, c'est un anesthésiant qui anesthésie.

Mylène Demongeot, elle a une langouste apprivoisée, comme quoi, tout s'apprivoise.

Je sais jamais quoi mettre sur une carte postale.

Une femme dans l'espace ! à la maison à s'occuper des gosses elle est dans l'espace aussi à ce que je sache...

Partir dans l'espace ? Avec cette chaleur ?

La marquise de Sévigné, y'en a que pour elle en ce moment !

Avec le décalage horaire, à cette heure-là en Grèce, ils sont à l'apéro.

Regardez les Jeux olympiques, les médailles des Noirs, et les médailles des Français, regardez rien que ça, sans vouloir faire des discours, rien que ça, même ceux qui font le commentaire là, je sais plus les noms, ils l'ont dit.
– Faudrait être aveugle pour pas le voir !
– Ils l'ont dit ! Si si !
– Oui, mais bon, même, on le voit bien...
– Ils l'ont dit ! Si si ! C'est officiel !

Si vous régularisez deux cents personnes, le monde entier va arriver chez nous se faire régulariser.
– Quarante jours de grève de la faim pour avoir des papiers, c'est pas cher payé finalement.
– Ils s'en fichent d'être Français, ce qu'ils veulent, c'est les allocations familiales !
– Six bébés sont nés depuis qu'ils sont dans l'église.
– Eh ben, ça promet ! Et les curés disent rien, moi ça me dépasse.
– Ils ont plus personne dans l'église, là du coup on parle d'eux.
– Vous allez voir quand les musulmans vont nous tomber dessus comment on va se faire égorger, il sera plus temps de leur enlever leurs papiers, c'est eux les plus nombreux.
– Il a trop attendu le gouvernement, maintenant avec tous les médias.
– Ils ont qu'à envoyer des fusées de fumée et après envoyer les flics.
– Il aurait fallu les expulser dès le premier jour !
– Déjà, il aurait pas fallu les laisser rentrer en France, le mal il est là, une fois qu'ils sont sur le territoire, allez les retrouver, ils se cachent les uns chez les autres, à vingt dans un studio, ils se tiennent les coudes, pour ça ils sont moins cons que nous, nous on s'engueule pour un oui pour un non, chacun chez soi !
– Ils s'entraident, c'est vrai.
– On s'entraiderait à les foutre dehors, ça serait fait depuis longtemps, quand je vois les autres qui leur portent de la nourriture, les gars de la RATP, je me demande ce qu'ils ont dans la tête, et après quand il y a une agression dans le métro c'est les premiers à venir pleurnicher ! Et l'autre, le professeur machin du cancer, il ferait mieux de chercher un médicament contre le cancer, il passe sa vie à la télé celui-là !
– Et l'actrice...
– Qui ?
– L'actrice, la blonde, avec une grosse bouche.
– Morane ?
– Elle est blonde Morane ?
– C'est une actrice blonde.
– Connais pas.

– Elle dort là-bas.
– Mireille Darc ?
– Non, une grosse, bref, elle est là-bas.
– On voudrait régulariser qu'on ne pourrait pas ! Y'a plus de travail en France, c'est terminé !
– C'est pas du travail qu'ils veulent.
– Est-ce qu'on va à l'étranger chercher des allocations, nous ? Vous y allez à l'étranger, vous ? Vous allez dans une église au Maroc pour demander de l'argent à l'État ? On vous aurait foutu dehors vite fait avec un pied au cul !
– En Algérie, ils ont encore égorgé dix-sept jeunes.
– Et en Algérie, vous y allez demander le chômage et les allocations ? Votre famille, ils vous la prennent et ils lui tranchent la gorge !
– Y'a pas d'Arabes dans l'église, je crois.
– C'est des musulmans, Arabe, musulman, c'est les mêmes ! Si c'est pour voir ça aux informations midi et soir, c'est bien simple, je vais plus payer ma redevance !

C'est vachement bien le Mali, non ? Moi je serais malien, à cette heure-là je te jure je serais au Mali, on a été une semaine dans le Lot, que de la pluie...

... Si encore c'était la guerre chez eux, même pas, en plus le Mali est le plus gros producteur de tomates.

Ils ont Emmanuelle Béart avec eux
dans l'église.
– La fille de Guy Béart ?
– Elle est dans l'église.
– Elle est noire ?

Si on nourrit tous les gens qui meurent de faim dans le monde, alors moi j'arrête de travailler et je me fais nourrir aussi, y'a pas de raison !

Vous n'avez pas de travail vous ?
– Non.
– Vous avez des problèmes vous ?
– Oui.
– Et vous n'allez pas au Mali pour autant !

Après quarante jours de grève de la faim, ils sont encore en forme, ils se lèvent, ils discutent, ils ont l'habitude, au Sahel, en un an sans rien, sans rien ! les gosses sont encore vivants, ils ont le gros ventre mais ils tiennent debout, on en voyait avant, fais ça en France, prends une école et donne rien à bouffer pendant un an, tu vas voir la différence avec les Noirs, nous on s'est fragilisés à force de bien manger, on s'est fragilisés, c'est bien fait pour notre gueule...

Avec ce froid, ça me gênerait pas d'être expulsé vers un pays chaud.

... il faut avoir vu les marchés de Bombay...

Vous vous rendez compte, ils en trouvent encore des corps de gamines qui ont été violées et étranglées par le malade !
– Les malades, c'est au lit avec la fièvre, c'est pas dans la rue avec la bite à la main.

Tu te rappelles pas, tu pelotais le cul à tout le monde ?
– Non.

Les mecs qui se tapent des gosses c'est pas des malades, c'est des animaux, faut les enfermer avec de la bouffe pour chien !
– C'est vachement bon la bouffe pour chien, t'as des boîtes au gigot.

Les psychanalystes, c'est des malades souvent.

Pédophile, moi je pourrais pas, ah non, je pourrais pas... tu pourrais toi ? moi je pourrais pas, ah non, je pourrais pas.

... moi je suis rentré direct mais les autres je sais pas.

Elle fait un rôle de gouine.
– Deneuve ? Et pourquoi ?
– Elle fait la gouine, avec une femme.
– Et Mastroianni qui avait été marié avec elle pendant dix ans...
– Il est en train de mourir, il paraît.
– Et elle fait un rôle de gouine...

Si, elle était belle fille, elle est morte aveugle, elle se faisait sauter par les Allemands pendant la guerre.
– Je vois pas...

Y'a pas une phrase surprenante que j'ai entendue depuis que je suis né, presque.

... j'étais pas soldat moi, j'étais haut comme ça, eh ben, je mitraillais les Boches, moi aussi !

Elle est pianiste.
– Je la connais ?
– Non, elle est pianiste à la campagne.

La Mascotte était fermée, le Bruand était fermé, le Sancerre était ouvert mais j'y vais jamais à cause de la musique, pendant l'été en France, y'a plus rien.
– T'as fait les 24 heures de la pétanque toi ?
– J'ai même le tee-shirt.
– C'est pour ça que je dis ça.

Déjà t'as de la chance, t'épates ta femme toi.

Sa femme est revenue ?

Faut pas boire du café avant si tu dois être hypnotisé...

Le savoir, moi j'en ai appris.

Le poulet de Bresse, on sait d'où vient le poulet.

... Ça change tout, d'où vient le poulet.

Christophe Colomb qui traverse l'Atlantique, c'est pas seulement pour épater les gens...

Le XXIe siècle sera produits du terroir !

L'exode rural le plus gigantesque, c'est le soleil qui se couche !

Chaque fois qu'on parle corrida, on s'engueule, et pourtant chez nous tout le monde est pour.

L'Espagne, c'est pas cher.
– Oui, mais faut voir ce que c'est aussi...

On est partis avec la télé, on a bien fait, dans le camping tout le monde en avait une, le pire en plein air c'est de dépendre des autres, plus que dans des murs en dur.

On y comprend plus rien à cette histoire de sans papiers ! Alors y'en a qui ont le droit de rester parce qu'ils ont des enfants, les autres qui ont aussi des enfants n'ont pas le droit de rester, des femmes ont le droit, d'autres femmes dans les mêmes conditions ont plus le droit, le mari de l'une oui et pourtant il ne travaille pas et le mari de l'autre non alors qu'il travaille en France depuis cinq ans en payant ses impôts comme il faut, plus personne s'y retrouve, heureusement qu'ils sont tous noirs, ça au moins, c'est une repère !

T'as tes papiers ? Sinon hop !

... beaucoup de bruit pour rien tout ça.

Des olives, des cacahuètes, des petites bouts de saucisson, personne parle, l'apéro chez lui, on dirait la cérémonie du thé.

... je suis très bien comme je suis !

Le fils d'Higelin il a changé de nom pour pas qu'on l'emmerde avec le nom de son père qui est une vedette mais moi mon père c'est un branleur qui a jamais rien fait alors pourquoi je changerais de nom ?

Merde, quoi, bois le dernier avant de mourir !

L'espace, c'est un bien grand mot, ils flottent comme des merdes de poissons.

La beauté ! La jeunesse ! Résultat ? On encule des gosses !
– Ou on aide tout le monde, ou on aide personne !
– Mais oui.

C'est Tapie qu'il faudrait foutre dans un avion pour le Mali !
– Il a son porte-monnaie en peau de hérisson.

La relève !

Ils expulsent des Noirs, d'accord, mais moi ce matin dans ma rue, j'en ai encore vu quatre.

Elle est bien la Française dans l'espace, la jeune, elle rit tout le temps.
– Elle fait des piqûres à des tritons à quatre cents bornes de haut alors elle va quand même pas pleurer, ou alors elle vient servir ici le samedi midi quand c'est le concours de pétanque !
– Quand on voit ce que faisait Mitterrand, il amenait Sophie Marceau en Chine, et il montait la Roche de Solutré avec Pascal Sevran...
– Il est bien Pascal Sevran.
– C'est pas Kennedy avec Monroe je veux dire.

Un pont qui s'appelle de Charles-de-Gaulle, ça prouve rien.

Les fesses, c'est pas fait pour se promener tout nu, c'est fait pour cacher le milieu.

Tu monterais dans un Airbus toi ?
– J'en ai lu deux, un livre sur l'Égypte parce que j'aime bien les voyages et un livre sur le vinaigre parce que mon mari adore la salade.
– C'est bien la lecture mais il faut le temps.
– Tu monterais dans un Airbus toi ?
– Tu nous emmerdes Hervé !

Des rave party dans le Cantal, ça sert à ça le Cantal maintenant.

Les tests génétiques qu'on fait, tu te branles.
– C'est ça les tests génétiques ? !
– Tu te branles et ils font des analyses, comme ça on connaît le violeur.
– Et si tu veux pas te branler ? Si tu refuses de te branler ?
– On te branle.
– On te branle ?
– Bien obligé.
– On te branle ! T'es un violeur, on t'arrête pour te branler ? Excuse-moi, mais la justice, ça déconne quelque part.

Ils ont un vautour dans le slip, ces mecs qui violent les gosses.

Y'a bien un mec qui a fait les peintures chez Picasso, c'est obligé.

Tu sais pourquoi les gens m'aiment bien ? Parce que j'ai des petites jambes et une grande gueule.

Je sais ce que j'ai à faire !
– Rends la clef des cabinets.
– Je sais ce que j'ai à faire.
– Rends-là.
– Je vais la rendre.
– Rends-là, y'a des gens qui attendent.
– Je vais la rendre, je sais ce que j'ai à faire.
– Allez, donne.
– Voilà.
– Merci.
– Putain, tout est compliqué avec toi.

Quand tu as été violé dans ton enfance, tu peux plus supporter les gosses quand tu es grand, par contre tu peux être copain avec des violeurs...
– Il est rentré Bernard ?
– Non, il est pas rentré Bernard.
– Si vous voyez Bernard, vous lui dites que je suis rentré.
– Vous êtes qui vous ?
– Pierre, du garage.
– Je lui dirai.
– Est-ce que Xavier est passé ?
– Xavier qui ?
– Xavier, celui du magasin d'à côté.
– Non, pas vu Xavier.
– Si il passe, vous lui dites que je le cherche.
– Vous êtes qui vous ?
– Je travaille en face.
– Oui mais encore ?
– Hervé.
– Je lui dirai.
– À plus tard.
– C'est ça, à plus tard... c'est la multiplication des casse-couilles depuis ce matin... bref, tu l'as pas volé qu'on te viole.

Bonjour bonjour les hirondelles !

Les pédés, moi je les reconnais juste comment ils mangent, si monsieur, si !

On s'est promenés, on s'est baignés, on s'est reposés, tout le toutim, quoi... elles sont abîmées les routes là-bas, vous verriez...
– Évidemment, faut pas aller en Égypte pour faire de la route !

Monet, il avait du sable dans les yeux ce peintre...

Il s'appelle Marc, c'est facile à se rappeler, Marc comme Marc Dutroux, celui qui tue les gosses vous savez...
– Marc, oui oui, je me souviendrai.

La semaine dernière on marchait au milieu de la rue et ce matin, c'est la queue de voitures jusqu'à place Clichy...
– Ça y est, les cons sont rentrés !

Tu l'as pas reçue ma carte postale ?
– Si.
– Tu l'as pas mise au mur je vois.
– Plus la place.
– C'est quoi celle-là ?
– Celle-là ? C'est la carte de Pascal.
– Il est à La Rochelle ?
– Il est rentré.
– Tu vas la laisser ?
– Ben oui.
– Et ma carte du Maroc ?
– Elle doit être là-haut dans la chambre de la gosse.
– Tu mets La Rochelle au mur et le Maroc, là-haut.
– Pas la place, j'ai pas des murs extensibles.
– Je sais ce qui me reste à faire l'année prochaine, j'irai à La Rochelle.
– Mais non... tiens, Myriam, va chercher la carte postale de Jacky.
– Sa carte postale ?
– Oui, la carte que Jacky a envoyée.
– C'est laquelle ?
– La carte du Maroc.
– Oui, le Maroc, avec le minaret.
– Je l'ai jetée.
– Tu l'a jetée ! ?
– Ben oui.
– T'aurais pu me demander !
– Ma chambre, c'est pas une poubelle.
– Tu vas où ?
– À la piscine.
– Rentre pas tard.
– Mais non... salut Jacky !
– Au revoir Myriam... et bonne baignade !
– Elle grandit à une vitesse celle-là...
– C'est pas grave.
– Quoi ?
– La carte postale.
– Je sais.
– Tu connais le Maroc ?
Tu verrais... le beau temps qu'y fait là-bas...

La pêche au vif, il faut accrocher un petit poisson vivant, je sais c'est cruel, c'est la chèvre de monsieur Seguin.

Les bébés qui naissent depuis le début c'est vraiment on prend les mêmes et on recommence !

La vache folle, ils l'ont fait exprès pour qu'on mange du poisson.

Superman, il est paralysé maintenant.
– Avec tout l'argent qu'il a...
– C'est pas pareil, ça remplace pas.
– Quand on a beaucoup d'argent, on a pas besoin de marcher.

... toute ma jeunesse j'ai bouffé du cheval-arçons.

Tout a un prix, même la merde du maharadjah.

Désintoxication ! Désintoxication ! Plus facile à dire qu'à faire !

Si y'a des pinces c'est que c'est un homard, si y'a pas de pinces c'est que c'est une langouste, c'est du homard ou de la langouste ?
– C'était en sauce.
– Eh ben y'avait des pinces dans la sauce ?
– Moi j'ai pas eu de pince, t'en as eu toi ?
– Non.
– Eh ben personne a eu de pince, alors c'était une langouste.
– Mais non ! C'était marqué du homard à l'américaine.
– Eh ben ils ont mis une langouste.
– À l'américaine ?
– Une langouste à l'américaine au prix du homard, pourquoi vous avez rien dit ?
– Comment tu veux qu'on sache ?
– Eh ben tu savais pas la différence et toi non plus ma petite chérie ?
– Non.
– Non.
– Eh ben, si vous y retournez l'année prochaine, vous aurez qu'à gueuler.
– Dans un an, tu parles...
– Et si on veut aller ailleurs...
– Eh ben faut savoir ce que vous voulez ! Moi je dis ça, je m'en fous, c'est pas moi qui organise vos vacances ! Tiens, goûte-moi ça, t'en dis quoi ?
– Il est bon.
– Eh ben il est bouchonné mon con ! Avec des clients comme vous, on va en gagner du pognon nous ! Il est nul ton mari ma chérie, viens plutôt en vacances avec Francis, allez, fais-moi une bise tiens déjà... pouët pouët !
– Hum hum...
– Eh ben quoi ?! J'ai pas le droit de toucher les nichons à ta femme ? T'as vu les grandes mimines ? C'est de la grosse pince ça ! Et toi fais voir ? T'as pas de pinces toi, t'es bien une langouste... eh ben, on est bien bordés avec des totos pareils ! J'arriiiiiiiive mes petits canards, j'arriiiiiiiive !

J'ai mal dormi, mais j'ai mal dormi, j'ai les paupières en peau de hibou en ce moment...

Chaque fois que je me présente à un travail on me dit, madame, vous êtes trop vieille, vous vous rendez compte l'impolitesse ! Alors tant pis, je reste au chômage, au moins ils sont polis.

Je suis ancien d'Algérie, c'est pour ça que je réagis mieux que les autres, ma femme, elle est au chômage et si on peut pas acheter une télé neuve parce qu'il faut qu'on se prive, je réagis mieux parce que je suis un ancien d'Algérie, je peux me passer d'une télé neuve...

Un père pédophile, c'est pas un exemple non plus pour les gosses...

C'est pas fait pour ça ! **Un petit Lu ?**

Ils vont faire une loi sur l'air !
– Vous serez bien content de respirer du bon air aussi...
– On rêve ! Ici c'est un bureau de tabac, monsieur !
– Mais non, on ne rêve pas.
– Pourquoi pas un décret sur les courants d'air pendant qu'ils y sont !
– Ma fille, elle fait de l'asthme, c'est grave l'asthme.
– Ils se foutent du monde, vraiment !
– On peut en mourir.
– Eh ben, t'en referas une autre !
– Un où j'aime bien les films d'Hitchcock c'est celui des oiseaux qui se perchent.
– Ouais mais c'est vieux comme merde de film celui-là !
– Moi j'aime.
– Moi aussi, je dis pas du mal.
– Vous avez vu le boucher, le boucher à la télé ce matin, ils l'ont fait parler à la télé ce matin, c'est une émission entre sept heures trente et huit heures trente, c'était le boucher, lui, là, le boucher de là...
– Pour la viande folle ?
– Non, pour Jean-Pierre Cassel.
– Ah bon ?
– Il habite dans le quartier et c'est un bon client, il est très gentil Jean-Pierre Cassel.
– Ah bon ?

... Quand tu parles... attends... c'est pour dire ce que tu penses mais quand tu le dis la pensée est déjà passée finie... attends... je vais y arriver, bas les pattes... y'a un millième de seconde qu'elle est morte la pensée pour que tu puisses parler, on peut pas faire les deux en même temps, du coup... attends... du coup... quand tu parles, tu ne penses pas... mais attends merde... même le mec le plus intelligent pense pas quand il parle... mais attends putain de merde que je l'ouvre...

... Tu sais plus ouvrir un paquet de chips toi ?

... On a une hache à la campagne et tu m'as jamais poursuivie avec...

Quand on boit cinq bières et qu'on mange pas, par exemple, ça fait comme un régime ?
– La bière, c'est pas gras en tout cas.

... Une attente interminable pour retrouver des corps, moi ça va, je suis très patient en général...

Ils reprennent d'une main ce qu'ils donnent de l'autre.
– Faudrait être gouvernés par des manchots !

L'important pour un jeune, c'est de se sentir utile, même en faisant quelque chose qui sert à rien.

Pour moi, Shanghai, c'est les puces de Montreuil qui sentent la soupe.

J'avais mangé trois crevettes mauvaises et dans l'après-midi je suis tombé du cheval, c'est le gars qui travaillait avec moi qui m'a ramené, le patron en a mangé plein, rien, et moi, malade comme un chien, je te parle de ça, j'avais quatorze ans, on allait ramasser les huîtres avec le cheval...
– C'était des crevettes folles déjà à l'époque.
– Je sais pas, mais je suis tombé du cheval.
– Avec ce qu'on mange maintenant, personne tiendrait sur un cheval !
– C'est bien possible ça !

... C'est toujours pareil avec cette boulangerie, si je traîne à boire mon demi y'a plus que du pain de mie...

La pêche, c'est sacré !

Y'a la rage là-bas, en Inde, y'a la rage.
– En France aussi, à la campagne même pas loin...
– Chez les gens là-bas, dans les maisons.
– Sur les chiens ?
– Non, dans la maison, comme ça, elle est là.
– La rage ?
– La rage, elle est là.
– Tu confonds pas avec un autre microbe ?
– Non non, elle est là, mais avec les désinfectants qu'on met de différentes sortes, elle ne bouge pas.
– Mais de quoi y parle lui ?
– De la rage.
– Où t'es allé chercher ça ?
– Je suis allé en Inde avec Médecins du Monde, je suis médecin.
– Aaaaaah d'accord... un zozo... le premier zozo de la rentrée... rigole pas toi et sers l'Indien... y font vite pour revenir...
– Les gens sont habitués à la rage là-bas.
– Nous aussi, on est habitués...
– Vous êtes comptable vous ?
– Oui.
– Deux et deux ?

Jalabert est plus un vélo qu'un homme dans sa mentalité de champion.

... en Belgique, dis donc, c'est pas le moment de faire des gosses...

Il vaut mieux un tueur en série qu'une série de tueurs !

L'ADN, j'en ai, et après ? ni plus ni moins qu'un autre ! et alors ?

Quinze morts dans les Alpes pendant cet été...
– C'est moins dangereux qu'un autocar !

Il a sept ans et il veut déjà un cartable avec des roulettes !
– C'est comme ça... et les retraités passent la moitié du temps dans les salles de sport... que voulez-vous...

Je serais prof, un mot de travers, je bute tous mes élèves !
– T'es prof ?
– Non, mais si je serais prof, je les bute tous.
– T'es pas prof ?
– T'es con ou quoi ?
– T'es prof ou t'es pas prof ?
– Je serais prof, des mecs comme toi dans ma classe, je les bute tous !

Tout le monde ? C'est qui tout le monde ?
– Murielle et moi.
– Dis pas tout le monde se perd dans le métro, c'est Murielle et toi.
– On s'est perdus à Châtelet, c'est une station, personne s'y retrouve là-dedans.

Même si on voit pas les extraterrestres, eux ils nous voient, avec leurs yeux modernes.

Tu les reconnais les Esquimaux qui sont allés dans les écoles américaines, ils picolent et tu retrouves des capotes devant les igloos.

J'ai pas besoin d'un éthylotest dans la voiture, je sais très bien quand je rentre bourré, je suis pas débile.

Je sais pas comment j'ai fait depuis que je suis petit jusqu'à maintenant, c'est un miracle que je sois encore là.

Chirac, il est élu alors maintenant il en a plus rien à foutre de nos gueules !
– Quand vous voyez sa femme, comment elle est nourrie...
– Sa femme c'est encore pire, elle est même pas élue et elle rit pareil.

Avec un monde comme le nôtre, si y'en a un autre qui est parallèle, il sera de travers de toute façon !

L'histoire, la géo, les maths, la physique, la chimie, tout ça ça sert à rien, même porter son cartable ça sert à rien, des manuts on en a trop !

En Belgique, y'a plus de charbon dans la terre, maintenant c'est des enfants.

... à la maternelle, à part marcher sur des tubes de gouache, je vois pas ce qu'ils font ? !

... Si tu le laisses faire, il te mange tout le bocal de cornichons, c'est un enfant sauvage...

La batterie ça te fait travailler les jambes et les bras comme de la natation avec un instrument de musique...

Pour rechercher les cadavres normaux, on utilise des chiens, mais pour les cadavres d'enfants, c'est des chats.
– C'est horrible !
– Oui, mais c'est comme ça, le chat a des petites griffes pour chercher les petits os.
– C'est horrible !
– C'est comme ça.

J'ai mon gamin au chômage et j'ai honte d'aller bosser.

On habitera sur d'autres planètes, c'est sûr.
– On chie sur la terre et on part dans les airs, on est pas mieux que les mouches.

Les atlas routiers, moi qui aime marcher au bord des routes, c'est impressionnant.

La nature avait pas prévu qu'on téléphonerait avec les oreilles et pourtant ça a juste la bonne taille pour mettre l'appareil dessus.

Un strip-tease tout nu j'aime pas tellement, faut au moins garder le mystère, c'est plus bandant, ou le slip ficelle.
– Le slip ficelle, c'est la définition de l'érotisme en fait.

Ils m'ont fait des radios à l'hôpital, on dirait les catacombes !

Tu reconnais facilement Picasso dans ses autoportraits, il a des gros yeux.

On vieillit tous les jours, le mardi t'es plus vieux que le lundi et le mercredi t'es plus vieux que le mardi, la vieillesse c'est le truc le plus chronologique qui existe, à la fin tu meurs parfaitement dans l'ordre.

La bite, c'est pas un muscle !
– C'est pas la peine d'hurler.

Auschwitz, c'est vide maintenant, mais on peut visiter, il paraît que c'est bien.

J'aime pas manger du pâté quand y'a des gens.

On se demande pourquoi ça coûte aussi cher les médicaments, c'est même pas du caviar.

Vous savez pourquoi je travaille pas aujourd'hui ?
– ?
– Parce que je suis un ambulancier en colère !

Les explorateurs ont disparu à force de découvertes, c'est bien fait pour leur gueule.

Ces chanteurs-là, les Dave et compagnie, tu parles, c'est facile d'avoir une belle voix quand tu manges que du veau...

Un gosse de quinze ans qui tue un autre gosse de quinze ans d'un coup de couteau, c'est le monde à l'envers !

La vie est de plus en plus dure.
– C'est quand même pas le Moyen Âge, on a plus les armures tout de même !
– Le gamin de Marseille il aurait eu son armure, il serait pas mort d'un coup de couteau.

Dans quel monde on vit, mais dans quel monde on vit !

Interdire le Front national ? Alors dans ce cas-là faut interdire Chirac qui avait dit que les étrangers ils puent dans l'escalier !

Le tocsin, les sirènes, une manif du Front national, trois cents CRS, tu parles d'un enterrement pour un pauvre gamin...
– En plus le gosse dans le cercueil, il croit qu'on l'enterre normalement lui.

Breton, c'est pas une race.
– Si !
– Mais non, c'est une région.
– Ah bon, parce qu'il y a pas de races dans les régions ? !
– Mais non, c'est pas une race.
– Si ! Et j'en suis fier en plus.

Des races sur terre, y'en a qu'une, c'est l'homme.
– Non, au moins deux, avec la femme.

Blanc, noir, c'est pas une race, c'est une couleur, la race, c'est là où t'habites, en France, c'est blanc.
– C'est ton avis, t'as le droit.

... Ça apporte de l'eau à mon moulin...

C'est le Blanc qui a inventé l'égalité, alors il en fait ce qu'il en veut !

Il était noir Mozart ? ! Alors...

Un homard, on peut pas se

Le calendrier chinois, t'as pas des pompiers chinois qui passent te le vendre chez toi...

Il est susceptible parce qu'il est vieux.
– Tu nous fais chier avec ton hérisson !

C'est Michel Noir qui a cinq gosses je crois ?
– Une femme qui a eu dix enfants, c'est plus une femme.
– Il est en prison d'ailleurs je crois.
– À cinq faut les mettre en prison.
– Il y est pas pour ça.

Je sais pas si ça aidera l'économie, mais j'ai acheté des petits bols.

Le Mur de Berlin, finalement

Y'a quoi dans le journal ?
– Rien, comme d'habitude.
– Au fait, elle est rentrée la connasse de l'espace ?

Qu'est-ce que vous avez dit ?!
– Va te faire enculer connard !
– Non mais avant ?

Y'a pas de robots intelligents !
– Y'en a pas des cons non plus.
– Non plus, il est intelligent si t'es intelligent, il est con si t'es con, le robot... c'est héréditaire en fait.

Je t'ai pas servi toi ?
– Ben non.
– T'es tout le temps là, je te vois plus.

Quand on parle à haute voix on entend mieux ce qu'on dit, en tout cas moi ça me fait ça...

moquer du physique.

C'est un alcool qui fait partir en arrière.
– Moi ça m'arrange, j'habite par-là.

Si t'es miraculé, après faut faire construire une église, t'es pas dans la merde.

On est loin du ciel avec ce pape-là, ça parle que de son trou du cul.

La princesse Stéphanie c'est un travelo, tu parles ! bien sûr, t'as vu les photos ? la baraque que c'est ! cette gonzesse ? c'est un mec, ben tiens, sinon ça ferait deux princes ! à Monaco ! il s'est fait opérer le mec ! obligé ! le prince ! couic ! une princesse !...

Le pape, il peut pas rester crever chez lui celui-là ?

c'est vrai, ça gênait qui ?

C'est la sixième opération depuis qu'il est pape !
– J'ai moins d'emmerdes avec ma bagnole.

L'alcool, le tabac, la fatigue tout ça, à ce qu'il paraît ça fait baisser la qualité des spermatozoïdes.
– Je m'en fous, c'est pas pour faire du ciment.

Je suis d'accord avec Le Pen, d'ailleurs la preuve, je suis né à côté de chez lui.

D'avion on les voit les pistes d'atterrissage pour les ovnis de chez les Aztèques mais maintenant elles sont désaffectées.

Les scientifiques ont rien inventé depuis trente ans, l'avion, c'est fait, le bateau, c'est fait, la voiture, c'est fait, la fusée, c'est fait !

Pourquoi ils nous cassent les couilles avec Clovis tout d'un coup ?

Et l'instruction civique tenez, nous on en avait de l'instruction civique à l'école, ça sert à rien mais on en avait, ils en ont même plus, comme de toute façon rien sert à rien maintenant autant leur faire faire des choses qui servent à rien mais qui font des souvenirs d'école quand on est vieux, ils vont avoir quoi comme souvenirs d'école tous ces gamins-là ? Aucun souvenir d'école ! Une école qui fait même pas des souvenirs d'école, elle est mal partie cette école-là, c'est moi qui vous le dis qui suis une ancienne directrice, et j'en ai des souvenirs de choses qui servent à rien, mais toute la vie c'est comme ça, le principal, c'est qu'il vaut mieux avoir un souvenir du latin qui sert à rien que de rien du tout qui sert encore moins.

J'ai peur des nouveau-nés.

J'ai la mobylette en panne et en plus j'ai mon mari qui a de la tension, tout s'y met on dirait, TOUT !

Clovis, marchand de vis.
– Pour dire ça c'est pas la peine...

Tu te rappelles de tout ce que tu fais toi ?
– De tout.
– Putain !... Et t'as pas la tête comme ça ?

Tapie, il a tué beaucoup de gens qui se sont suicidés à cause de lui, ils l'ont dit à la télé.
– Ce mec-là, faudrait le fusiller, ça serait pas un mal.

Le latin, j'en ai fait trois ans, qu'est-ce que ça me faisait chier ! mais c'est un bon souvenir finalement.
– Bien sûr !

La violence à l'école, ça a remplacé la gymnastique de par le fait.

Dès qu'ils sortent un film t'as les produits dérivés qui arrivent, c'est énorme comme organisation les Américains.
– Le plus énorme comme produit dérivé c'est la galette Saint-Michel.

Un môme qui joue avec un revolver pendant la classe, ça se voit tout de même !
– Les profs, tout ce qu'y pensent, c'est aux vacances.

Et mon bisou ?

Elle est tout le temps enceinte ! faire des gosses, c'est le pire trafic d'organes que je connais !

La gourmandise, c'est sur la langue qu'elle est, et c'est très bien qu'elle soit là.

Tu peux encore chier dans les bois à vingt minutes de Paris.

J'ai des copains dans la police, ils boivent plus que chez les facteurs mais c'est pas grave parce que dans la police on distribue pas le courrier...

Hoooooooooooo ! Du museau !

Si ça se trouve chez les animaux y'a des immortels mais comme on arrête pas de les bouffer on peut pas s'en rendre compte...
– Ils n'ont pas le droit d'atterrir ni de décoller pendant la nuit, la nuit tu les vois là-haut les avions, ils restent dans le noir et le matin, ils se posent.
– Si ils veulent des organes, ils les payent ! On paye tout, même l'eau pour mettre dans le fer à repasser mais les organes faudrait les donner comme ça ! Où c'est qu'ils sont allés voir ça eux ? Certainement pas !
– On est pas obligés de les vendre cher non plus.
– Non, bien sûr que non.
– Toute la nuit le chien hurle à cause des avions.
– L'immortalité, si c'est pour pas dormir...
– Donnez vos organes.
– Ceux du chien !

Elle est partie chercher une bouteille de gaz chez madame Dupuy avec la brouette au milieu des vaches et elle a ramené des poires d'un poirier centenaire d'un vieille variété qui existe plus dans le sac plastique qui sert à emballer les rouleaux de papier des cabinets.

Eh ben...

J'ai calculé, si on veut qu'il y ait des champignons demain matin quand on y va, il faudrait qu'ils commencent à pousser maintenant.

Le cinéma en relief, pour les yeux, je suis pas sûre que ça corresponde.

Johnny Hallyday, il fait des journées de vingt-cinq heures.

Il faudrait que le docteur puisse annoncer que tu vas mourir sans que ça soit une surprise, mais quand le docteur t'annonce que tu vas mourir ça fait toujours une surprise, ce genre de surprise, merci ! c'est mon poing dans la gueule, ah moi c'est ça !

La morue c'était portugais mais ça l'est plus, c'est tout le monde.

L'heure, c'est une convention en fait...

Les informations, c'est toujours triste.

... le sida, c'est malade imaginaire et compagnie !

C'est les profs qui fabriquent les chômeurs !
– Ceux qui sont pas chômeurs...
– Y feraient mieux de l'être... tu sais ce qu'ils leur font comme cours au lycée les profs du gamin, la vie de Napoléon et toute la merde, on en a besoin, tiens, tu crois qu'ils apprennent la vie de Napoléon et toute la merde au Japon ? Allooooooons, soyons sérieux.... et c'est les plus compétitifs du monde les Japonais ! Alloooooooons, soyons sérieux...

On peut crever de faim avec des gosses, pas avoir de boulot depuis des années ils s'en foutent, y'a qu'un truc qui les fait chier tous c'est qu'on vote pour le Front national, alors moi je vote pour le Front national et je les emmerde !

Avec ma radio du camion, je me le chope Internet.

Même réincarné dix fois, je penserais pareil.

Juppé, il en est de la Scientologie.

Ils m'engueulent parce que je suis à découvert, je les emmerde, et le secret bancaire je lui ai dit au mec du guichet !

Personne sait le bon nombre de pattes.
– Le chien, quatre pattes.
– Je parle des insectes !
– Quatre pattes, l'éléphant, quatre pattes, le cheval, quatre pattes.
– Les insectes !
– Quatre pattes.
– Ignorants ! Vous me faites tous chier !

Les banques sont pleines de l'or des nazis, ils ont qu'à le distribuer à ceux qui sont chômeurs, tu vas voir qu'ils vont le donner aux Juifs une fois de plus !

Le physicien des particules ou je sais pas quoi, si t'es pas là pour lui faire du pain, il mange les portes, ses molécules c'est du branlage de connard pour dépenser notre pognon !
– Des molécules, y'en a dans le pain.
– C'est ça, défends-les ces cons-là !

Il n'y a plus de galaxies en formation, ils l'ont dit, les galaxies en formation, terminé !

Dans son film qu'il a fait le jour du mariage, il fait l'épileptique avec de la purée, et on y croit.
– Les films de mariage, c'est bien toujours pareil, tenez...
– C'est pour ça que lui, il a fait un petit scénario.

T'es gaucher pas par hasard...
– Je sais !
– Tu dois avoir un cerveau de gaucher.
– Au foot, je tire du pied droit !
– Ah oui mais ça c'est pendant le foot et tu joues en amateur.

Juppé, si vraiment il aime la France, faut qu'il se flingue !

Un bon chef d'orchestre doit entendre tous les instruments.
– Pour pouvoir juger.
– Bien sûr pour pouvoir juger, pas pour s'amuser.

... tout ce qui est anglais, c'est les Américains les plus forts.

La Roche-sur-Yon, je connais pratiquement tout le monde.

Il est mort à trente-six ans, et comme j'ai trente-six ans, j'ai le même âge que mon père.
– C'est pas possible ça.
– Qu'est-ce que tu me racontes toi ! J'ai le même âge que lui ! Bien sûr il est mort à trente-six et j'ai trente-six bien sûr !
– C'est pas possible ça.
– Il est mort ton père toi ?
– Hein ?
– Tu l'as ton père ?
– Il est mort.
– Il est mort quand ?
– Hein ?
– Il est mort t'avais quel âge ton père ?
– Il est mort, j'ai dix ans.
– Quel âge il avait ?
– Hein ?
– Ton père, il est mort à quel âge ?
– Trente-deux ans.
– T'as quel âge ?
– Hein ?
– Ton âge ?
– Ça se dit pas.
– Ton âge ?
– Quarante.
– T'as huit ans de plus que ton père !
– C'est pas possible, il est mort.
– C'est pour ça.
– C'est dur de discuter avec toi.

Le paranormal visible représente au maximum même pas un pour cent de tout le paranormal existant !
– C'est la partie visible de l'iceberg.
– Même pas.

Elle est fraîche ?
– Ho ! Je suis pas la météo marine !

Quel bordel en Israël, vous avez vu ça ? Mais pourquoi ils se battent comme ça ?
– Vous avez qu'à leur demander.
– Vous avez vu les morts ?
– Y'en a toujours eu et y'en aura toujours.
– Mais pourquoi y'en a toujours eu ?
– Alors ça, vous avez qu'à leur demander.
– C'est vide, c'est du désert !
– On me les donnerait ces pays-là, j'en voudrais pas.
– Holà moi non plus, qu'est-ce que vous voulez que j'en fasse !

... Ça vaut pas un clou...

Vasarely n'a rien révolutionné du tout !

... avec leurs pêches blanches à trente balles ils ont tué le quartier !

La science-fiction, tu sais, nous, à EDF, on est presque déjà à en faire.

Nous, c'est pas tellement pratique pour voir les extraterrestres, il faut qu'on aille jusqu'à Sens.

... la terre c'est rien qu'une petite boule... moi j'ai raison et toi tu as raison et lui il a raison on a tous raison.

***Q**uand on voit la taille de l'univers.*
– Jamais vu sa taille moi.

L'atome, c'est un secret de polichinelle maintenant.

Des extraterrestres d'une autre planète qui auraient fait des photos de la lune pendant que les Américains étaient dessus, ils auraient dit qu'il y a de la vie sur la lune, c'est pour ça je dis : il faut faire attention quand on regarde à la lunette.

J'ai vu *Independence Day* et *Ponette*, les deux sont un peu longs.

...y'a plus de joie.

C'est très très très bien fait, mieux fait que les extraterrestres français.

Des extraterrestres, en ce moment, c'est pas le moment.

***I**ndependence Day*, le film, c'est *La Grande Vadrouille* multiplié par un milliard.

On a mangé un gâteau

Je l'ai bien vu cet été, on a pris le TGV et quand on est arrivés il pleuvait ! Plus vite on arrive, plus vite on se fait chier ! Non ? Non ?
– Absolument !

Le TGV, c'est rien qu'un gros jouet qui coûte cher finalement...

Moi le midi, je prends mon temps, je mâche longtemps.
– Le monde a pas besoin de nous.

Avec votre aérophagie, une olive, un coup de mistral, vous pourriez pas habiter Toulouse.

... en prison sur l'île de Ré c'est mille fois mieux qu'habiter dehors à Annemasse, je suis né à l'un et j'ai fait cinq ans à l'autre, je sais de quoi je parle.

... le bagne de l'île de Ré, c'est la seule prison où t'entends la mer dans la casquette des matons !

La bagnole, c'est que de la frime !

Je peux pas rester trop longtemps enfermé dans des chaussures, j'ai la mutinerie des doigts de pieds.

Le Mondial de l'auto pour une femme c'est pas sa place, et c'est pas moi qui le dis, c'est les femmes, c'est pour ça que je me permets de le dire...

Si j'avais tout le pognon que je dois, ça irait bien.
– T'es comme Eurotunnel toi.

Un qui fait des dessins espagnols, c'est Goya.

La religion catholique aussi alors c'est une secte !
– C'est pas pareil tu peux pas dire que c'est pareil que la Scientologie.
– Dans ce cas, la religion catholique aussi c'est une secte !

Un vent de folie hier à l'hôpital, on avait mis des chapeaux en papier aux malades, un vent de folie !

Dans les catalogues

roulé genre Ubu roi...

L'éléphant a une bite hors norme.
– Vous savez, pour la bite en fait, y'a pas de norme.

L'enfance, on a mis du vin dans notre eau.

Je fais le plus beau métier du monde, je suis retraité.

Toi tu voudrais qu'on ait vingt ans à perpétuité mais ça marche pas comme ça ! Alain Delon ! Alain Delon ! Tu l'as pas vu de près !

Il est handicapé mais il rigole tout le temps, il est assis sur une chaise de jardin, il est assis sur une chaise roulante normale mais à force qu'il est de bonne humeur, il fait chaise de jardin.
– Faut te suivre toi...
– Le champion de judo avec l'accident de moto.
– Faut te suivre toi...

Je suis jamais à la maison.

Le Salon de l'auto, pour moi qui suis une femme, c'est la planète Mars.

C'est Juppé qui se l'est mise la bombe à la mairie de Bordeaux, pour remonter dans les sondages...
– Et ça marche !
– Même Jospin, il le soutient ! Vous savez, Mitterrand a fait pire... il en aura fait assassiner des gens celui-là.
– Mitterrand, dès qu'il est mort on l'a oublié, on s'en fout, alors que Coluche...

L'aventure spirituelle, c'est pas de la grande aventure, t'as pas la descente en canoë.

J'étais au lit quand je les ai entendus rentrer, je me suis dit, ils vont me réveiller.
– Et alors ?
– Ben ils m'ont réveillé.

tout est beau.

... Ce qui manque à Le Pen,

Vous allez à l'hôpital ? Vous avez le papier, faites voir, on y travaille nous en face, faites voir, c'est votre papier ça, ah oui, oui, ah oui oui... pour un frottis c'est quoi l'étage, Madeleine, c'est quoi l'étage pour un frottis, quel étage ?
– !
– Un frottis ? Un frottis pour qui ?
– Pas pour moi, qu'elle est bête celle-là ! C'est pour la dame là qui vient faire un frottis.
– !
– C'est vous madame qui venez pour un frottis ?
– Oui...
– Vous allez voir quel docteur pour votre frottis ?
– On mange nous !
– Vous allez voir quel docteur pour votre frottis ?
– Ho ! On mange nous !
– !
– Je renseigne la dame.
– On mange nous !
– Vous avez déjà fait un frottis ici ?
– Je me débrouillerai.
– C'est facile à trouver, vous verrez c'est marqué dans le hall en bas.
– Merci.
– De rien, c'est notre travail !
– Un frottis à c't'heure mais nous on mange !

Je parle le français ou quoi ?

Monaco prend le large...

La meilleure cuisine, c'est la cuisine maori.

Je veux un mari qui sache se promener.
– Vous aurez du mal à en trouver !
– J'ai attendu jusqu'à maintenant, je peux attendre encore.

c'est des intellectuels comme Céline.

L'embryon humain, on en a eu trois avec ma femme, un qui est à l'armée et l'autre qui passe son permis en ce moment et un qui est ambulancier.
– Trois garçons.
– Trois embryons garçons, oui.
– Pas de fille ?
– Pas d'embryonne, je sais pas si ça se dit, non.

La subjectivité, elle aussi, elle s'est trompée.

On ferait mieux de se mettre à l'heure animale !

Le changement d'horaire n'a jamais servi à rien sauf à abîmer les ressorts en fait...

L'heure ? moi ? tenez regardez, j'ai même pas de montre ! je la demande l'heure tellement je m'en fous, comme fumer, je demande une cigarette de temps en temps, j'ai arrêté l'heure !
– T'as arrêté l'heure, mais t'arrêtes pas de causer.
– Exactement, j'ai arrêté l'heure !
– Les zigotos des fois, les zigotos !

On ferait mieux de se mettre à l'heure animale !

Si y'a que ça pour leur plaire aux jeunes moi je vais leur faire le Cybercafé ici, avec les cacahuètes qui téléphonent et tout le toutim !

Un billet de cent francs le bord tout blanc, je lui ai refusé, c'était un faux billet, moi quand on me l'a donné je l'ai pris, y me disait, alors prenez-le, il m'a fait tout un fromage !
– La fausse monnaie, tous les jours ils en découvrent, il y en a, il y en a, à New York il paraît que ça fait des fromages sans arrêt.

Shakespeare, il serait resté coincé dans l'ascenseur tout le soir de Noël tellement c'est un tragédien celui-là !

Y'en a encore un qui sait pas viser et qui a pissé sur le littoral !

Même si on change l'heure à la montre, on ne peut pas changer notre horloge biologique, chaque homme a son heure biologique qui est à lui, personne a la même heure biologique, toi, tu as ton heure biologique et moi, j'ai mon heure biologique, c'est une horloge interne que chacun a à l'intérieur de lui, quand tu meurs, elle s'arrête, on t'enterre évidemment parce que personne garde une montre qui marche plus !

La plus belle liberté c'est de manger le poisson qu'on a pêché, pas vrai René ?
– J'aime pas le poisson !
– Toi, tu mangeras ce qu'on te donnera ! Ah là là ces mômes !
– Si il aime pas le poisson.
– Mais si il aime ça !
– J'aime pas ça !
– Ce qu'il aime pas c'est manger le poisson de son père, le poisson de son père il est pas assez bien pour lui !
– J'aime pas le poisson !
– Si il aime pas le poisson.
– La plus belle liberté c'est de manger le poisson qu'on a pêché, tant qu'il aura pas compris ça, ça sera pas mon fils...

Les herbivores n'ont jamais fait de grandes conquêtes !

L'espace, c'est plus rien qu'une poubelle.

Caritatif, rien que le mot, moi, ça me fait penser au dentiste !

Dans mon escalier c'est le Gabon, monsieur, je ne vous mens pas, c'est le Gabon !

Attention que les pistes cyclables ne soient pas un ghetto !

Plutôt que des guerres un peu partout n'importe quand une seule guerre toujours au même endroit.
– C'est aux chefs d'État qu'il faut dire ça, pas à moi.
– Genre Disneyguerre.

Il y a l'éclipse mais on a pas le droit de la regarder à cause des yeux.

Le jour où on nous enverra dans l'espace nous parce que soi-disant on ira tous dans l'espace un jour ça sera pas pour se promener nous autres vous verrez ! ça sera plutôt pour qu'on nettoie tout avant que ces messieurs dames les riches arrivent ! vous verrez !

Le micro-ondes, ça a été inventé à partir de l'hypnose.
– T'as lu ça dans le Coran !

C'est bien beau leur éclipse, mais je vais quand même pas faire un trou dans le plafond !

Tu sors pas voir l'éclipse ? Y'en a une tous les dix-huit ans !
– J'ai pas fini mon demi, j'irai à l'autre.

Picasso, c'est un Espingouin ?

Crozemarie, c'est bien un nom de voleur ça !

Cette histoire de l'ARC, les bras m'en tombent.
– C'est tous des pourris.
– Les bras m'en tombent !
– Gardez-en un pour boire votre blanc.
– Les bras m'en tombent !
– La lune se met entre la terre et le soleil.
– Quel binz ça fait dans le journal !
– Cette histoire de l'Arc !
– Un kir à la mûre.
– Et un kir à l'amour !
– Vous y allez à l'éclipse solaire ?
– J'ai du monde.

... malheureusement je suis tombé dans l'actualité depuis que je suis né, je dis malheureusement monsieur parce que quand vous voyez ce qui se passe tenez seulement la grève des fonctionnaires, désolé, mais avoir un travail déjà c'est un privilège, alors eux qui défilent, j'en ai dans ma famille qui sont fonctionnaires ils sont tout le temps à la maison, moi, y'a quinze ans monsieur je conduisais le métro, je faisais mes trente heures et maintenant avec mon taxi je fais soixante-dix quatre-vingts heures par semaine sinon je vis pas, ils sont dans l'enseignement, alors évidemment contre la sélection, contre les notes, tiers-mondistes, moi aussi je suis contre la pauvreté dans le monde mais on peut y faire quoi, et la sélection si vous ne la faites pas au lycée il y en a de toute façon dehors depuis la naissance c'est une sélection, aussi je m'occupais d'un club de football avant avec des gosses, vous en aviez qui jouaient comme à la télé en se roulant par terre pour faire du cinéma et d'autres qui jouaient bien, qu'est-ce que vous voulez, j'ai pris des gamines en stop un jour de grève comme ça, elles pleuraient pour rentrer à la gare d'Austerlitz, elles en avaient marre marre des grèves, elles dormaient à l'arrière, elles avaient un niveau d'études si vous voulez pour la conversation, elles me disaient qu'à leur école les professeurs étaient démissionnaires, c'est le mot, démissionnaires, et ça les empêche pas de faire la grève aussi, plus personne ne sait où la société va, aussi ça n'a rien à voir mais moi je suis profession libérale si vous voulez avec mon taxi, je paye je paye j'arrête pas de payer et je reçois jamais rien, si je m'arrête de travailler, l'argent rentre pas, désolé mais le fonctionnaire peut être malade comme il veut, il a sa paye qui tombe, mais vous savez que j'ai vu des clients à moi faire leurs courses monsieur, leurs courses en taxi payé par la Sécurité sociale, ahurissant, c'est nous qui payons pour ça, c'est nous qui payons, aujourd'hui pour moi c'est zéro, vous avez vu, personne, pas de clients, pas de voitures, j'ai jamais vu autant de collègues à la station, je vais rentrer, je vais rentrer, pour moi c'est une journée fichue, je vais rentrer voir ma femme, ça va finir comme ça...

Deux jours à dire les mêmes conneries, moi je pourrais pas.

Tu imagines, si deux jours de suite, on disait exactement les mêmes choses ?

... le crâne humain est un fruit à noyau !

On prend une parabole parce qu'on a un satellite dans le quartier.
– Y'a un satellite dans le quartier ?

... toutes ces paraboles et tous ces satellites et toutes ces chaînes de télé qui se croisent dans l'air ça finira qu'on aura des images qui se baladent dans le ciel quand il pleut !

L'Alaska, c'est des mecs bourrés dans des cabanes... à perte de vue... des mecs bourrés dans des cabanes...

Vous avez regardé Maigret ?
– Le mieux des Maigret c'était quand c'était Bourvil.

Jean Anouilh, il serait italien ça m'étonnerait pas, avec son nom comme ça.

Le monde est à deux vitesses, d'un côté les riches avec les voitures qui roulent vite et de l'autre côté les riches avec les voitures qui roulent lentement !

Ils veulent me faire passer les examens du sida, moi, un garagiste !

Je suis fidèle à « Gillette » parce que dans la vie, il faut être fidèle à quelqu'un.

Elle veut être mannequin des pieds parce qu'elle a des beaux pieds mais le reste, elle a un gros cul et un grand nez.
– C'est quoi ça mannequin des pieds, ça existe ?
– On fait des photos de vos pieds pour des publicités de chaussures ou des publicités de chaussettes ou des produits comme Akiléine pour les gens qui sentent des pieds.
– Elle pue des pieds votre fille ?

Si tu veux pas attraper le cancer tu l'attrapes pas, ceux qui l'attrapent franchement c'est un peu de leur faute.

La publicité, ça fait acheter que des cochonneries inutiles, excusez-moi de vous le dire !

La Belgique, ça existe plus, c'est un trou plein de merde.

Ils en voient des vertes et des pas mûres les condamnés à mort aux États-Unis...

Face au soleil, personne est courageux comme le chapeau de paille.

Les gens s'acharnent sur les gosses, c'est incroyable ce qui se passe !
– Pas tellement incroyable, moi j'ai une chatte, si elle a des petits et qu'elle est malheureuse, elle leur mange la tête.

La météo marine, si t'as pas de bateau...
– Ça fait rêver.
– C'est pas comme ça que t'auras un bateau !

Les docteurs, ils y connaissent rien !

À quatre cents kilomètres au-dessus de la terre c'est pas encore l'espace, l'espace commence avec les étoiles, la navette spatiale en fait n'est pas spatiale du tout, la première femme dans l'espace c'est du bidon en fait, l'espace, ça commence à la lune à peu près.

Ils m'ont pris en tenaille, j'ai pas pu refuser l'apéro.

... **U**ne cuite par jour, ça finit par s'accumuler.

Pour les parents c'est pas du gâteau d'assister au procès.
– La peine à donner c'est la peine, on la sait, pour ces gens-là c'est la peine capitale.
– Ça finira par exploser tout ça, ça va exploser.
– On en trouve comme on veut, un coup de téléphone et vous recevez un catalogue chez vous.
– La petite à Perpignan.
– C'est les parents ?
– Ils le disent.
– Les policiers ?
– Ils ont rasé la maison de l'horreur, le couple vous savez qui enterrait dans le jardin, ils l'ont rasée la maison, les gens venaient en pèlerinage, ils ont quoi dans la tête les gens pour aller voir ça, ils sont masos ?
– Ça va exploser.
– La peine capitale pour ces gens-là, qu'est-ce que vous voulez ?
– Une tartine.
– Une tartine ?

... **S**oyons pas plus royalistes que le roi !

Je pissais, mais je pissais, comme si j'avais privatisé l'eau !

Ministre de la Justice, ministre de l'Injustice !
– Tu devrais écrire un livre tellement t'es con.

C'est Juppé qui s'occupe du changement d'heure ? Il a même pas de montre ce mec !
– Bill Clinton, il a deux cents mecs autour de lui pour lui donner l'heure.
– Il est en train de crever, vous l'avez vu comme il a maigri Juppé, il flotte dans ses habits, avec la pluie sa petite veste c'est un mouroir !
– Il a qu'à bosser.
– C'est un mec qui croit en Bouddha.

Le présent se juge pas, faut attendre que ça devienne historique, à l'époque des nazis on pouvait pas juger, il faut le recul comme disent les historiens, on peut pas juger à chaud ce qui se passe en Afrique, on comprendra plus tard pareil sans parti pris, meilleur exemple : pour un casse t'es jugé deux ans après...

Et tout l'argent distribué à la culture ! Il est où cet argent ? Y'a plus urgent que la culture, excusez-moi mais quand vous crevez de faim, les expositions de Picasso vous vous en foutez pas mal ! Vous savez ce qui se passe en fait, tout l'argent qui est distribué va à la culture, ça dégoûte de Picasso, c'est ça le résultat !
– C'est pas le plus pauvre.
– Il est mort.
– Sa femme, c'est pareil.

Dans le corps humain c'est un sacré bordel, moi je leur dis chapeau aux chirurgiens qui savent quoi c'est quoi...

Le bouddhisme, il faut méditer deux heures par jour.
– Moi je bouquine aux cabinets.

Fuck la police ! Fuck la RATP !

... avec son aigle sur le dos on dirait Napoléon de dos.

Vous en reprenez un ?
– Non merci, ça va, je suis double face déjà...

Au cinéma je ne sors jamais avant la fin et à la maison je finis toujours mon assiette.
– Monseigneur !

Chef, écoute, écoute, écoute-moi, j'ai fait trois mois caissier, j'ai jamais volé !
– Tu veux une médaille ?
– Je veux pas de médaille ! J'ai jamais volé, c'est tout.
– Eh ben t'aurais dû !

Les animaux sont pareils que nous, le canari, les baleines...

Il est pas plus thaïlandais que moi son massage.
– Elle a les yeux bridés.
– Elle est passée à travers le pare-brise, elle est de Lille, qu'est-ce qu'elle t'a fait ?
– Elle m'a branlé, et elle a offert un café.
– Comme toutes les putes du Nord.

Mettez-moi président de la République une semaine, vous allez voir.
– Non.
– Même adjoint au maire, vous verriez ! tellement je suis dynamique comme retraité.

Le monde est en train de moisir.

« La mort subite du nourrisson », on dirait un nom de bière.

Quand tu ne sais pas, il faut le dire, parce que de ce côté-là le parachutisme ne fait pas de cadeaux !

Le caviar à la louche, les gouvernants !

Un tunnel sous la Manche c'est pharaonique, sauf que les pharaons en avaient rien à foutre de gagner du temps.

Il est encadré !
– Pardon ?
– Un monsieur est passé avec un cadre, c'est pour ça, je dis qu'il est encadré.
– Ah bon...
– Il est encadré.
– Oui.
– C'est mieux quand on le voit, on comprend.
– Oui.
– C'est mieux de le voir que raconté.
– Oui.
– C'est difficile.

T'es encore bourré...
– C'est quoi ce procès en place publique ?!

La moitié du monde meurt de faim, nous on balance des fruits à la décharge, le tiers monde c'est déjà une décharge, autant jeter les fruits là-bas !

Moi, je suis un loup !
– Et ton RMI ?

J'ai jamais le temps de rien faire !
– C'est déjà ça.

L'archéologie, je vais aux champignons, au moins ça se bouffe !

Ho les gars ! Vous êtes pas à la Grande Borne, ici, ho !

Vous avez vu chez elle toutes les plantes ? C'est le poumon du monde !

Je préfère dentiste aux maladies de l'anus, à choisir...

Attends un peu la colère populaire et Juppé ça sera plus qu'une merde de poule !

Balladur, Toubon et compagnie, ils en tripotent des gosses tu peux être sûr !

Je n'ai jamais eu de problèmes de poids, avec le stress, je me mange voyez-vous ?

Allez les voir au Sahel aujourd'hui ! Ils sont mieux logés que nous ! Ils ont des billets qui dépassent des poches !

On a changé les numéros de téléphone et maintenant on change l'heure, c'est ça que Chirac appelle le changement sans doute...

Un peu d'éternité, ça dure combien de temps ?

Les politiques, moi, douze balles dans la peau !

On change bien l'heure, pourquoi on recule pas d'une année, tous une année de moins, allez hop !
– On passe tous à quatorze ans et moi je me tire en colo de neige.

L'ENA, c'est tous des fils à papa qui baisent leurs gosses !

Le Pen, tu le laisses faire, c'est Hitler !
– Je m'en fous, du moment qu'il baisse les impôts, il fait ce qu'il veut, moi la politique, j'en ai rien à foutre.

L'éternité devant, l'éternité derrière, et nous on avance ou on recule d'une heure...

C'est fini les métiers, c'est plus que de l'activité !

C'est dans les magasins de pédé que tu en trouveras un slip avec un trou derrière pour Halloween.

La fondation Picasso, ils sont très durs, ils ne sont plus du tout d'accord avec les boîtes de chocolat Picasso, ils surveillent tout.

Picasso, c'est mon Dieu.

Picasso, c'est vraiment lourdingue.

Picasso, il aurait mieux fait de s'occuper de ses gosses.

T'as lu ça encore dans le journal ? Putain... la mairie de Paris... ils ont volé les maisons des Juifs pendant Vichy et en ce moment c'est des mecs de la télé qui habitent dedans, putain, et des ministres avec leurs pouffiasses... ça finira mal, moi je le dis ça finira mal !
– Moi je m'en fous, moi, un appartement juif gratuit j'habite dedans, pourquoi c'est toujours des ministres ?

Picasso, j'ai changé mon fusil d'épaule...

Picasso... son cerveau est passé à travers le pare-brise à ce mec.

Houla !
– Dérapage contrôlé !
– Vous m'avez fait peur.
– Oui mais hier c'était mouillé.

J'aurais bien voulu être dans un trou de souris pour voir l'opération du pape, ils ont le droit de lui toucher la bite, tu crois ?
– Mais non, ils ont pas le droit de lui toucher la bite !
– Il est endormi, ils font ce qu'ils veulent.
– C'est surveillé.

... le vrai mot c'est cinémaTOSCOPE.

On aura connu les nouveaux francs et l'euro, ça fait beaucoup à force.

L'homme a son cœur qui arrête de battre et on sait qu'il vient juste de mourir mais un arbre qui en train de mourir comment on sait juste quand il meurt ?

J'ai toujours renvoyé l'ascenseur !

En faisant l'Europe on singe les Américains et c'est pas un progrès !

Un kir ballon alsace !
– Tiens, v'là la dix-huitième réincarnation du dalaï lama !
– Bonjour président.
– Un kir ballon alsace !
– J'ai dormi une heure de moins ce matin, je suis traumatisé pour la journée, je supporte pas... tes vaches, tes cochons là-bas en Auvergne ça va ?
– J'ai pas de cochons.
– Tes vaches... les vaches modernes le supportent très mal.
– Mes vaches... tu fais une belle vache toi, tiens...
– Un kir ballon alsace j'ai dit !
– Tout de suite la dix-huitième réincarnation du dalaï lama !
– Il est pas bien réveillé ton serveur.
– C'est toi qui le fatigues.
– J'ai dormi une heure de moins ce matin... huit heures, il est sept heures... c'est vrai ce que je dis, les vaches modernes le supportent très mal !
– Elles sont pas modernes mes vaches, c'est des vaches, elles sont moins modernes que toi mes vaches.
– Voilà le kir pour la dix-huitième réincarnation du grand dalaï lama !
– Failli attendre !
– T'es bien sur les nerfs.
– Je supporte pas, je suis traumatisé pour la journée ! Slurp ! Au revoir m'sieurs dames !
– À plus...
– À plus.

Je l'ai connu, il était commis chez Bertelass, t'as qu'à voir...

La dent la plus romantique, c'est la canine.

On est pas des animaux !
– Ben si.

Le musée de la Marine, si t'as pas l'eau...

Tu payes un coup?
– Non, je dois réduire mon déficit public.

Eh ben... ça recommence l'exode au Rwanda, vous avez vu l'exode au Rwanda?
– Ils partent à pied et nous à chaque fois on envoie des milliards, ils sont malins ceux-là aussi, tenez... c'est les combines à l'autre, là, le mari de la bonne femme de la télé, celle qui est hommasse.
– ...
– Mais si... le ministre, celui qui avait porté du riz avec un costume de chez Dior, ça avait fait un scandale, mais si!
– ...
– Les milliards, il doit s'en mettre dans la poche celui-là encore... c'est lui qui réclame à chaque fois de l'argent et résultat, y'a jamais rien qui est fait, mais un jour on le saura, on sait tout maintenant avec les journaux.
– Le sang contaminé, c'était les journalistes, sinon.
– Sinon, aujourd'hui on mourrait par millions!

Les enfants, j'adore ça, c'est pas moi qui les violerais.

Une tête avec un biscuit en dessous, c'est comme ça qu'elle dessine le pape.

Gratte-moi le nez, j'ai les mains mouillées.

Eltsine, ils vont lui faire un quadruple pontage, carrément.
– C'est le pont de l'île de Ré qu'il faudrait lui mettre à lui.

Ma mère voyait plus rien mais dans la maison ça allait à condition qu'elle tienne son torchon, le torchon de la cuisine c'était son chien d'aveugle à maman...
– Beaucoup de femmes sont comme ça.

La jeunesse c'est bien quand on est jeune parce que après c'est que des emmerdes.

C'est Sacha Guitry qui disait ça, après moi le déluge.

Picasso, dès que tu l'accroches au mur, on dirait un faux Picasso.

... j'étais bourré, j'ai pris le taxi pour rentrer chez moi mais comme j'ai déménagé y'a un mois j'ai pas encore l'habitude je suis rentré à mon ancienne adresse, c'est pénible d'être con à force, deux cents balles de taxi !

Chirac va faire chier les Juifs chez eux, il ferait mieux de s'occuper du chômage chez nous, tiens...
– Et la Corse !

La seule révolution que je connais c'est le soir quand j'enlève mes chaussures...

Le matin, je vais aux cabinets pile à sept heures, j'ai le cul qui donne l'heure.

... j'aimerais bien savoir combien y'a de fausses dents en France, tiens.

Un beau silence, tu le vois qui flotte.

Paris sera toujours Vitry ! je suis de Vitry.

Moi je vois un tableau, y me plaît ou y me plaît pas.

C'est un sacré cavaleur Alain Delon !

Beaubourg va fermer deux ans.
– Pour moi ça a jamais ouvert.

Toutes ces nouvelles lessives c'est de l'attrape-gogo.

Agen, c'est les pruneaux, c'est ça ?

En Afrique, c'est des guerres naturelles, elles servent à réguler en fait.

... elles tombent de l'arbre même pas mûres, on a pas gagné au Loto avec ces pruniers...

Ça sent le fauve !

La seule plante qui a le sens des responsabilités, c'est la vigne.

Un café et une serviette en papier.
– Un café et une noisette à emporter ?
– Un café, et une serviette en papier.
– Un café et une noisette à emporter.
– Mais non, un café et une serviette en papier.
– J'ai compris monsieur, je suis pas sourd, vous allez pas m'apprendre mon métier, un café et une noisette à emporter, c'est pas ça ?
– ... si.

Brigitte Bardot, finalement, avec son Front national, elle est quand même moins pire que les pédophiles d'enfants, non ?

Gaaaaard'à vous !

Repos !

Mon mari ne s'occupe de rien, l'argent c'est moi, lui il tient les cordons de sa bourse et encore...

J'en ai un dans la caisse, vous voulez le voir ? Il est pas très beau... la couleur, elle est pas belle...
– C'est lie-de-vin... vinasse... on a pas l'impression d'avoir deux cents francs avec ce billet de deux cents francs.

Deux autres !

Maman, le canard dans la boucherie, il était mort.
– Chut ! On ne dit pas des choses comme ça.

Il a le sida et il a pas la Sécu.
– Ça... il fallait y penser avant.

Depuis ce matin ils nous emmerdent avec les élections américaines, depuis ce matin c'est que ça, déjà que chez nous les élections ça nous fait chier alors les leurs !
– Personne a voté.
– Ils nous emmerdent avec des élections qui les intéressent pas eux-mêmes, on est pas une poubelle !
– C'est comme les films de Woody Allen, aux États-Unis tout le monde s'en fout et hier il était encore à la radio ici.
– Connais pas.

Si j'étais pas culpabilisé, je boirais du blanc à cette heure-ci.

Même Mireille Mathieu, elle enregistre à Los Angeles maintenant.

... On en rigole parce qu'on a bon caractère mais l'enfance battue c'est pas marrant...

Pour les enfants, j'ai toujours le ventre en retard.

La femme française aussi elle a les mains voilées avec son torchon !

Que ce soit un missile américain ou les Arabes qui mettent une bombe ou autre chose pour moi c'est pareil de toute façon c'est la même chose.

L'aide humanitaire, au final ça fait plus de mal que de bien.

Si tu veux t'en sortir faut être mobile, un jour t'élèves des chevaux, un jour t'élèves des escargots.

... Choisir la couleur de son bébé c'est un bien grand mot, y'a pas trente-six couleurs !

Bacon, c'est des douleurs musculaires peintes.

Il a perdu deux cent dix kilos avec son régime !
– C'est comme si tu perds la femme et les gosses.

Combien de fois je t'ai dit que Mobutu c'est un trou du cul ?

Ils donnent la Légion d'honneur à Sharon Stone parce qu'elle montre ses nichons et y'a des poilus de la Grande Guerre qui ne l'ont pas, et Enrico Macias il l'a aussi !

... On ne sait jamais ce qu'il pense, c'est l'orée du bois ce bonhomme.

C'est pas parce que ça a fait un tabac en Inde et en Amérique que ça va plaire à Sens...

... elle m'emmerde encore comme ça, je lui fais signer la Convention Obsèques et après je lui fous un coup de pelle !

La bande dessinée fait tomber toutes les frontières, c'est une arme qui fait peur aux dirigeants !

Sagan, elle aurait pas eu son permis, elle aurait jamais vendu de livres.

Jeannie Longo, elle a un gros cul.
– Je sais même pas la tête qu'elle a.

La France, la France, c'est vite dit !

... ils ont un bon tempérament les gens à aller au travail alors qu'ils vont mourir...

Le tunnel sous la Manche, c'est une fausse bonne idée.

Faire un trou sous l'eau, c'est con.

Le chirurgien qui s'est retrouvé avec le cœur d'Eltsine dans la main, moi j'étais lui, ça partait au chat !

Dis donc, t'as vu, ils se rapprochent du titre.
– Qui ?
– Monaco.
– Mais non !
– Monaco se rapproche du titre !
– Mais non !
– Monaco se rapproche du titre !
– Il se rapproche de mon poing parce que mon poing, il s'appelle le titre !

Les insectes sont comme nous, quand on les écrase ils sont écrasés.

... On peut pas toujours comparer, deux libellules qui s'enculent c'est pas deux hélicoptères qui s'enculent.

Du boulot, il en reste plus qu'en taule !

Immigration clandestine zéro, c'est pas possible, ce qu'il faut c'est élever le niveau de vie des pays qui nous les envoient comme ça quand ils auront de l'argent ils viendront en vacances chez nous.
– Pour qu'on les serve, c'est pas mieux !

Bonne soupe !

En France, on a toujours eu des intellectuels à moitié tarés du style Malraux...

N'empêche que déterrer Malraux ça aura coûté bonbon.

Malraux, c'est un bouffon.

Malraux, c'est un peu mon époque, il a l'âge de mon père.

... C'est Lucky Luke, avec sa cigarette.

Je ne suis pas du genre fourmi, je n'aime pas le sucre.

La mort la plus idiote, c'est de mourir en allant en Angleterre.

Jeudi, c'est le beaujolais nouveau qui arrive et samedi c'est Malraux au Panthéon, c'est la semaine de la tremblote.

... des cendres, après vingt ans, c'est plus bon.

Malraux, y'a pas une vidéo ?

... C'est là qu'on met tous les grands hommes ensemble, du coup ça en fait pas des masses si tu comptes.

... et que je t'enterre ! et que je te déterre !

... Cette histoire de déplacer les cendres, comme si on avait besoin de ça en ce moment !

Malraux, c'est que un baratineur.

Encore une soirée sida ?... ça arrête pas !

... la batterie, ça fait peur aux gens.

On peut pas faire la vaisselle en l'écoutant, il faut rentrer dedans, c'est ça qui est fantastique avec la musique concrète.

Toute la matinée je me suis engueulée avec un moineau, j'ai encore le cœur qui bat...

Barbara, la chanteuse, c'est elle qui fait des bons ragoûts.

Je n'achète que des biscottes qui sont résultat de recherches.

Si ça suffit de bloquer les routes avec son camion pour que Juppé donne du pognon ! alors moi je vais passer mon permis poids lourd ! et je vais m'acheter un camion ! et je vais le garer au milieu de la route !

T'aurais pu m'attendre !
– Pas le temps.
– T'aurais pas fait un bon soldat de Napoléon à attendre personne !

Picasso, je connaissais mais de nom...

C'est bien cette exposition Picasso, comme ça on va aller voir la tour Eiffel.
– Vous l'aviez jamais vue ?
– Si, à Toutankhamon.

Picasso, c'est bien quand tu as le courage de dire que c'est moche.

J'aurais le sida et qu'on m'envoie des clowns dans la chambre pour me faire rire, je suis pas un gamin !

Manger, c'est un partage...
– Certainement pas ! J'ai mon assiette, toi, t'as la tienne !

Vous voulez des jours de congé les filles ?
– On est en vacances.
– Vous voulez des congés maladies ? Embrassez-moi les filles, j'ai la crève.
–?
–?
–?

***M**onsieur ?*
– Un petit bordeaux... et votre patron, il boit quelque chose ? Tu bois quelque chose ?
– Un Vittel citron.
– Un Vittel citron ? ! Il a changé votre patron ! Avant, c'était trois bouteilles de bordeaux le matin
– Non, il boit toujours un Vittel citron le matin.
– Les trois bouteilles de bordeaux c'est le soir.
– Le soir après manger c'est normal.
– Moi je prends un petit bordeaux, je suis debout depuis trois heures !
– J'ai rien dit.
– Je suis à la moitié de ma journée, trois heures, quatre heures, cinq, six, sept, huit, neuf, après je vais casser la croûte.
– Tu fais une sieste ?
– Je rentre chez moi et je me mets dans le fauteuil devant la télé, je bouge plus, téléphone, on sonne, je bouge plus, fini, devant la télé, fini je bouge plus !
– Chacun fait ce qu'il veut.
– Vous buvez quelque chose ?
– Non.
– Pas le personnel !
– Vous buvez rien, alors pourquoi vous mettez la petite jupe ?

... tu verrais le garage de son père, y'a pas un bout de planche !

Je suis le contraire de Louis Jouvet, les gens je m'en fous mais je peux aller me promener pour regarder un tas de cailloux...

Je viens de transplanter un vieux rosier, j'espère que ça va marcher comme Boris Eltsine.

Mitterrand, on l'a oublié à une vitesse celui-là !

Du GIA, on en est aussi, le Groupe Intégriste Auvergnat !

L'appareil pour le corps d'athlète, il est encore dans le carton.

Vous vous rappelez pas de moi ? C'est moi qu'on a amené aux urgences médicales...
– Vous tombez bien, qui c'est qui me règle ?

Jésus s'est posé sur d'autres planètes et que avec ses sandales !

C'est le carnet de santé que j'ai reçu, tu l'as pas reçu ?
– Ça sert à quoi ?
– Si tu vas chez le docteur, le docteur le marque dessus, si tu y vas une fois, deux fois, trois fois, dix fois, cinquante fois c'est marqué dessus.

... la logique industrielle, si tu veux je te l'explique mais tu payes un coup.

Touche mes mains... j'ai froid aux mains et j'ai chaud partout... tu veux que je te donne la grippe ? Mais il faut qu'elle sorte de mon nez aussi.

Malraux, c'est celui des cendres de l'autre jour qu'ils ont dit ?
– C'est lui.

... y'a des moments, il écrit pas trop mal Malraux quand même.

... pour moi Victor Hugo a marqué la vie littéraire de l'année dernière puisque j'en ai lu l'année dernière...

Avec la science, on aura les gosses au menu.
– Ou à la carte...

Le portable, les cigarettes, les clefs, la casquette, le parapluie, le chien, pour rien oublier jamais faut être prix Nobel maintenant...

Tu payes un coup, j'ai pas de sous.
– J'en ai marre des profiteurs de crise !

Aucune équipe peut rien contre la machine monégasque !

... tout mérite travaille salaire... ou un truc comme ça...

Je bois plus.
– Tu nous fais chier avec ton chant du cygne !

Du légume transgénique, ça fait longtemps qu'on en mange quand tu vois la tomate farcie...

Mettre des bombes dans le métro c'est pas une solution, la preuve, ils ont tué que des Arabes.

... avec lui, il faudrait que je me greffe un téléphone dans l'oreille !

Chirac boit de la bière parce que si il boit du vin, il en boit trois litres, c'est lui qui l'a dit.

Le haut de la tour Eiffel était dans le brouillard ce matin.
– Quel travail ça a été à la faire tenir cette tour Eiffel !

C'est fou le nombre de femmes d'ici qui viennent après le coiffeur d'à côté !
– Avant j'allais tout le temps au bistrot à Villeneuve mais maintenant j'ai pas de raisons, ma femme elle a plus son docteur là-bas.
– Femme malade, homme au rade, comme on dit.

... quand j'ouvre le placard je reconnais les odeurs de souris et les odeurs de fourmis, c'est déjà pas mal.

J'aime pas les mouches quand je mange !

... tu me ferais un encéphalogramme quand je mange, ça carbure !

Albinoni, c'était de la musique pour enterrer de Gaulle à l'époque.

... **n**'importe quel café où je rentre je sais où sont les cabinets, c'est instinctif chez moi.

Un spectacle de rue, c'est plus joli de l'intérieur.

C'est la terre qui est lunatique, pas la lune !

... **t**u parles, les faux francs, des faux marks, des fausses lires, des faux billets espagnols, là les mecs auront plus qu'une seul faux billet à fabriquer qui sera valable pour toute l'Europe, avec l'euro tu vas voir le bordel !

La plus belle nature morte, c'est la ville.

***Q**uand René met sa veste, il vient, mais si on appelle, il ne bouge pas.*
– Les chats blancs, c'est pas normal.
– Il est sourd.
– Les chats blancs, c'est pas normal, c'est pas qu'ils sont blancs...
– C'est une race.
– Non, c'est pas normal, ils sont sourds.
– On passe l'aspirateur là-haut, il ne bouge pas, l'autre chat s'en va, pas lui, et sous les voitures, une qui met le moteur il ne bouge pas.
– C'est dangereux la campagne.
– Le chien peut aboyer à côté, rien.
– C'est un bas rouge ?
– Le bas rouge existe pas, il n'est pas dans le calendrier des chiens, c'est un beauceron, c'est des chiens à vache.
– On leur coupe les oreilles à ceux-là.
– Pour qu'il aient l'air méchant mais pas lui, quoique le soir je le laisse, ici c'est son territoire... quand ça a été le rallye automobile, vous auriez vu ! On a fait du vin chaud et des soupes à l'oignon.

Il est en garde à vue Bisounours !

D'où y vient tout ce pognon ?

Le Japonais est pas chapeau on dirait.

J'y vais plus sur les Champs-Élysées, c'est trop vulgaire.

Ils ont trouvé de l'eau sur la lune.
– Je sais, c'était déjà dans Tintin.

Tiens, v'là le yéti !

J'adore les films en costumes, mais ce que je ne supporte pas c'est les erreurs d'anachronismes.

T'as pas vu *Angélique ; marquise des Anges ?* À un moment, elle ouvre un café...

Le pouce de la main y'a que lui qui bosse, les doigts ils attendent comme des cons, ils sont serviables mais ils sont cons.

Le cirque de Pékin c'est un truc pour nous, en Chine ils ont autre chose à faire les Chinois.

C'est à lui qu'on a remis le grand prix du connard 1996 !
– Au mec avec le bonnet ?

... le pipi on le fabrique, alors que les larmes, on les a en naissant.

... c'est pas une glande, c'est un sentiment.

Le Français est fainéant.
– Surtout, y'a plus de vrais Français de souche.

... j'ai toujours eu un parcours gynécologique sans problème...

En ce moment je dors mal, je dors que trois heures.
– Tu mets un carbone, ça fait six heures, tu reprends quelque chose ?
– Non non, je suis déjà en main, je bois là, je bois là, je bois là, à la fin...
– Moi je conduis pas dans la voiture quand j'ai bu deux trois verres...

Y'a pas de calories dans la langouste, tout part dans la mer.

Tu me passes mon sac avec mon pyjama ?

Crozemarie, c'est dommage à dire, mais il faudrait lui prendre de force ses bons organes pour les mettre sur ceux qui souffrent, ça c'est une vraie punition, utile surtout...
– Il va s'en tirer avec un amende !
– Prélèvement obligatoire du cœur et du foie, je sais, c'est dommage à dire.
– Et les reins.
– Et les reins, on en manque vous avez raison, ça ferait réfléchir les autres au moins, c'est dommage à dire, mais si on le découpe en morceaux ce monsieur, les autres ils y regarderont à deux fois avant de voler !
– À deux foies.
– Pardon ?
– À deux reins.
– Comment ?

Le film sur les insectes c'était sur écran géant dans une grande salle, et j'en ai vu un autre de film sur des gens en prison dans une toute petite salle, avec l'écran qui était minuscule, remarque c'est normal...

Le Téléthon, ils mettent des enfants en avant c'est bien mais le Sidaction ils mettent des gros pédés en avant, et moi, je donne pas !

Ça m'angoisse d'avance d'avoir à faire les cartes de vœux.

Tout seul, il s'est mis dans la merde tout seul ! Un an après il est revenu me voir, je lui ai sauvé ses six appartements à Pantin, j'ai affranchi le maire de Pantin, une femelle, une heure et demie après c'était réglé il me tombe dans les bras, tu m'as sauvé la vie...
– Et le boulot, ça va ?
– Tu sais moi je vais à ma petite vitesse, je fais mon truc, je vais partir à la Martinique dans pas longtemps.
– Bon...
– Moi je suis comme ça.
– Bien...

Il va au cinéma pour manger du pop-corn !

... Une infusion au houblon !

Contrôle vétérinaire ! Je viens pour l'élevage de cafards !

... C'est pas méchant la pâte à crêpes.

Tiens, j'ai un autre client qui s'appelle François, comme toi, ça me revient, je lui dis, salut François !
– Alors, il vous manque rien monsieur ?
– François ?
– François, comme toi, salut François !
– François comme moi.
– François.
– Il vous manque rien ?
– Non non, que des verres à Ricard, depuis la casse au Rallye, ça fait cent fois que j'en demande !
– Je le connais l'autre François ?
– François ? Il était là hier, il entre, salut François !
– Et du café ?
– Il est trop cher votre café, et ma machine elle est habituée à son café, si je lui en change...
– François comme moi ?
– François comme toi, c'est en te disant François que l'autre m'est revenu, salut François ! Il était là hier matin... ce matin c'est toi.
– Moi, je m'appelle Paul.
– Pas moi.
– Moi, c'est François.
– Et vous monsieur François, du champagne ? Parce que vous savez, je fais aussi les particuliers.
– Heureusement qu'on est sur terre nous les François.

Brigitte Fossey c'est une cliente, elle vient ici, elle fait ce qu'elle veut au fond...

Un calva ! Un CD rhum !

En France, c'est comme ça.

C'est celui qui fait tomber qui ramasse !

La violence gratuite, personne y gagne.

... C'est une très grande professionnelle, elle a racheté les droits de Casimir.

***... O**n est allés là-bas quatre jours, là on monte un escalier mélanésien dans le rocher c'est une grotte, et aussi on a bien mangé.*
– Vous avez de la chance, vous avez le temps.

***M**a mère, elle disait même quand j'ai tort j'ai raison parce que je suis ta mère !*
– Oh, elle avait raison.
– Sinon...
– Ah oui, sinon...
– Les gosses...
– Oh oui...

V'la la poste ! Hu, dis donc, l'écureuil il est descendu de sa branche là.

Une bière ! ce que j'aime bien la bière, c'est le matin comme ça.

... Ce qu'il faut, c'est que les mentalités évoluent... aussi c'est ça qu'il faut...

... t'as plus de chances de te tuer avec une voiture offerte, déjà c'est une belle voiture et t'es un jeune con qui conduit vite pour avoir un cadeau pareil...

À la télé ils l'ont dit, l'ordinateur fait mal aux yeux.

J'aime pas le cinéma quand c'est des gens normaux dans le film.

Encore cinq ans comme ça et j'aurai droit à la médaille du sans travail.

La retraire, il faut la donner à ceux qui ont plus de dents, ceux qui sont capables de mâcher, ils sont capables de bosser !

***L**a bave du crapaud n'atteint pas la blanche colombe.*
– Gros pédé !

***A**ttention à la grippe cette année !*
– La boulangère elle l'a attrapée EN DIRECT devant moi.

***C**ette année, c'est un virus asiatique.*
– Pareil que l'année dernière, et ça sera de pire en pire asiatique.

Il s'habitue aux médicaments qu'on prend, ça le blesse même pas.

... **r**ien qu'un pétard du 14 Juillet je ne supporte pas alors assise sur une bombe dites donc...

Pose ton petit frère,

À chaque fois ils mettent la bombe dans le métro.
– On va leur faire sauter les chameaux nous ça va pas traîner !

... **C**'est vraiment le métier des bons à rien, comique...

... **e**lle dit que des choses gentilles, son cerveau c'est une salade.

Les sectes vous hypnotisent en vous parlant de ce que vous aimez le plus, à vous ils vous parleraient des huîtres.
– Il faut quatre ans pour faire une huître.

Boston, c'est très sympa.

C'est plus la peine d'apprendre l'anglais à l'école, vaut mieux apprendre l'arabe !

J'aime pas tellement les laitages, ça sort d'en dessous.

Le prix Goncourt, une fois j'en ai acheté un pour ma fille, je vais pas en acheter à chaque fois non plus.
– Pas deux fois le même cadeau tout de même... et un disque ?
– Pareil, elle l'a.

Boris Eltsine, c'est ça que j'aurais voulu faire dans ma vie.

... **q**uand il a bu, il pelote la gamine.

Le maire met plus les guirlandes sur le sapin de la place, c'est volé.
– Un petit pays comme ça, qu'est-ce que ça devient !

... **m**oi je m'en fous je bois mon canon j'en ai marre on devait commencer le défilé à quatorze heures trente, il est seize heures, on attend Blanche-Neige mais moi je m'en branle de Blanche-Neige, nous on est dehors dans le froid sur la carriole comme des cons en plus les fringues de lutin c'est de la merde ça laisse passer tout le vent et en plus pour ce que je suis payé si dans cinq minutes ça part pas je m'en fous je reprends un canon...

La bibliothèque François-Mitterrand, ça donne pas envie de lire, la bibliothèque d'un mort !

c'est pas un jouet.

Ils sont écrasés de misère.
– La misère ça pèse rien !

Si vous êtes fidèle aux traditions, vous êtes à moitié sauvé dans la vie.

Les comédiennes, dès qu'elles sont moches on dit qu'elles jouent bien, ils sont comme ça les critiques, ils aiment les moches.

... Vingt minutes d'attente pour avoir un livre, moi je dors déjà !

Je suis xénophile.
– ?
– J'encule les xénophobes.

La Grande Bibliothèque, tu parles, qui c'est qui va lire ça...

C'est la mondialisation partout maintenant.

Je leur ai mis de la rillette sur la fenêtre.
– Vous allez les rendre comme les vaches les petits oiseaux en les faisant manger de l'animal.
– Ils mangent des insectes, c'est pareil non ?
– Les insectes c'est pas de la viande !
– Les insectes je sais pas mais les vers de terre c'est en viande, je m'excuse.

Le monde change, c'est ça aussi qu'y faut prendre en compte aussi...

Chirac, Juppé, c'est le con à deux têtes !

Si Juppé il allait un peu plus souvent dans les cafés, il saurait ce qu'on pense de lui !

... ma grand-mère elle mettait les coquilles d'huîtres sur le dessus de la poubelle pour que les voisins croient qu'on est riches...

... en ce qui me concerne, je préfère la vie de tous les jours.

La gastronomie c'est culturel mais après tu vas chier alors ça vaut quand même pas la lecture...

Ils ont viré la faucille et le marteau du drapeau communiste et pour mettre quoi, des téléphones portables ? !

Il va être grand-père.
– Ça se fait encore ces jeux-là ?

J'aime autant les légumes manipulés que trouver des petits escargots dessus !

C'est pas le premier truc manipulé qu'on mange, si vous croyez que les sardines sont pas tripotées !

... C'est mon avatar de ma vie mon gros nez.

La messe de minuit dans tous les villages, ça ferait des boulots.
– T'es curé ?
– On s'en fout, pour dire amen faut pas polytechnique !

Ils essaient de nous vendre que le Père Noël est américain !
– Les États-Unis ça date de 1700 et quelques, je vois pas comment...

Celui de la télé hier... Gulliver... tu sais pourquoi il est à la télé ?
– ...
– Gulliver le géant dans le petit écran !
– ... ?

... les gosses à deux têtes,

Tu peux passer la nuit assis devant le frigo, c'est presque un igloo.

Edern Hallier, oui, c'est pas mal écrit, c'est niveau bac.

La Reine, elle lui touchait pas la bite au Roi, tu rigoles...

Souvent, les gens ils parlent de moi comme si je venais de la planète Mars.

T'es pas gâtée par la nature.
– Ah non, j'ai gagné que dix francs au Banco.

... les cinq lettres pour ton opération !

Il a une tête d'enfoiré, c'est une ordure et il voudrait qu'on l'aime Juppé !
– Même Patrick Bruel on l'aime plus, alors qu'il a rien fait de mal.

Il fait semblant d'être humain ! de changer de slip tous les jours ! s'il croit que c'est comme ça qu'il va remonter dans les sondages !

Elle est redevenue championne de France de patinage la Noire.
– Une Noire tout le temps sur la glace, c'est pas tellement normal.

Le dimanche avant Noël, faut pas espérer se garer.

... dans ce cas-là vaut mieux pas se coucher du tout.

Un sandwich.
– À quoi ?
– Qu'est-ce que vous avez de meilleur ?
– Mon fils, il a A partout.

On y va ?
– Je te rejoins.
– On y va ?
– Je te rejoins.
– On y va ?
– Tu m'emmerdes avec ta sacro-sainte bûche !

... même une mouche dans les cabinets ça me dérange alors c'est pas pour accoucher devant les gens de la télévision !

e croyais que c'était fini ça...

Si t'augmentes tes prix, ici ça va être une poudrière !

... Sans mon haut du poumon ça va mieux, je peux refumer normalement.

Avec une femme diplômée, moi c'est non.

Van Gogh, ça ne se vend plus, c'est fini.

C'est un grand pays les États-Unis, ils ont trois mille condamnés à mort...

Le Mon Chéri, l'alcool qui est dedans, tu peux en donner à un gosse de deux ans.

On ne sait plus quoi leur acheter !

... une poupée et une panoplie de connasse ça suffira bien !

Même avec les allocs on s'en sort plus, alors les cadeaux, cette année...

Un café-boulangerie, on dit un concept de boulangerie maintenant !

Les mots, ça veut rien dire.

Je te respecte en tant que patron mais aussi en tant qu'homme !

L'Afrique du Sud, tu verras qu'y regretteront !

... On va regarder les nichons sur Canal et après au lit.

La politique africaine de la France... eh ! eh ! eh ! mon œil !

Ils ont trop de jouets.
– C'est comme ça qu'on fabrique des chômeurs.

Barbra Streisand ? La femme qui louche ? Moi j'achète pas le disque.

Il était déjà mort en 81 ton Mitterrand !

Y'a plus d'agriculture, l'artisanat c'est fini, le seul geste millénaire qui va nous rester c'est se torcher le cul !

Non !
– Pourquoi non ? Tu sais même pas ce que j'allais dire.
– Non !
– Tu sais même pas...
– Non !
– Tu payes un coup ?
– Non !

***Vous avez fait les bonnes résolutions ?
– Y'en a pas pour Noël, on s'en branle.***

Elle en fait faire de la vaisselle cette religion !

... j'espère que j'aurai pas un livre !

Charles Aznavour, c'est le premier qui s'est fait opérer du nez même quand c'était pas à la mode et quand on voit son nez maintenant dans *Paris Match* il boit le pastis, c'était pas la peine... vous avez vu le nez de Charles Aznavour dans *Paris Match* ?

Un mystère de la vie bien pour les enfants c'est la patate qui germe.

... C'est toujours spectaculaire les véhicules.

*J'ai beaucoup d'admiration pour les femmes formidables.
– Il en faut parce que les pauvres c'est pas facile...*

Un taré comme Michel Noir on pourrait comprendre mais un pépère socialiste comme Mauroy on se demande pourquoi ça l'intéresse les Jeux olympiques ?

*Ils volent les gosses pour les offrir à une grande prêtresse d'une secte satanique !
– Tu sais pas que c'est elle, en plus tu lui offres une robe pour Noël.*

Gouvernement de couilles molles !

*Le problème de la télé c'est les gens.
– Quand c'est des animaux, c'est toujours bien.*

Même si on est tout le temps malade, y'a trop de médecins.

... Un septennat de six ans suffirait bien.

*Combien d'années avant l'AN 2000 ?
– Tu verras bien !*

Pressing 2000, Pizza 2000, Lavage 2000, l'an 2000 on y est déjà en fait.

Morts de froid en pleine ville !
– Un demi.
– Vous êtes courageux de boire du froid avec ces morts de froid.

Nous on se casse pas la tête, c'est les huîtres et le boudin blanc et la dinde et la bûche, si c'est pour se casser la tête autant faire le ramadan arabe.

Avec les Arabes qui vont nous envahir, ça va être vite réglé l'Europe.

Mon mari est mort il y a dix ans, il est mort subitement, il sait pas qu'il est mort.

... ma mère, c'est les frontières du réel tellement elle est con.

C'est un chat !
– Tu lui expliques tout à ton chien ?

C'est pas parce qu'il fait froid qu'il faut me traiter de grosse conne pleine de graisse ! Ils ont tous les culots ces SDF !

Le froid, à la limite je préfère le chaud.

Six morts de froid en une semaine ! Ils le font exprès ou quoi ! ?

C'est la Sibérie, regardez, j'ai le nez bleu.

C'est quand il fait moins dix dehors qu'on regrette de pas avoir bien travaillé à l'école.
– C'est exactement ce que je dis à ma fille.

Bouddha, à côté de Jésus, c'est la mère Sardou.

Elle est plus tellement au diapason la petite Paradis.

Jack Lang, coup de boule direct !

Un peu de neige et les trains marchent plus.

C'est honteux ce froid !

– Ils les faisaient rouler jusqu'aux camps leurs trains pendant les hivers que c'était la guerre !

Une ville de huit millions d'habitants réchauffe moins qu'une paire de chaussettes !

Ils veulent qu'on trie nos déchets comme si on était des bêtes !

Putain quel froid !
– S'il en restait quelque part des dinosaures, ce coup-ci c'est sûr y'en a plus.

La Redoute, c'est une sorte d'Internet puisqu'ils livrent.

Microcosmos toi-même !

Les navigateurs solitaires, tu parles, ils arrêtent pas de téléphoner !

C'est pas du sport ! C'est des bateaux de plusieurs milliards, ils les font couler, on va les rechercher en avion, ça fait des photos pour *Paris Match* et les mecs reviennent chercher du pognon, on leur redonne des milliards pour un bateau que ça refasse des photos pour *Paris Match*, vaut mieux des photos de Stéphanie qui se fait mettre, ça coûte moins cher à la population et puis c'est très bien ces photos.

... le Minitel, déjà à l'époque, je savais pas où le poser.

Regarde, une bouteille de Ricard, si je le vends tout de là à là, c'est ce qui revient à l'État !
– Les trois quarts du litre ?
– Les trois quarts pour l'État !

... je suis taxi, plus je travaille plus j'y perds alors bon hein...

Si c'est pour payer plus d'impôts alors je préfère travailler moins c'est naturel aussi non ?

Rien qu'en transport jusqu'au boulot j'y perds déjà...

... si c'est pour se retrouver dans un bureau...

Moi je fais pas la queue une heure si c'est pour un boulot de merde !

... la carte Orange plus la bouffe du midi j'en suis pour ma poche...

Avec la vache folle, on a plus qu'à mettre la clef sous la porte !

... mon camion me coûte moins cher quand je roule pas, moins cher.

... pas le choix...

Travailler, c'est fini ça !

T'as fait ta lettre de motivation ?
– Je la fais demain.
– Tu seras plus motivé demain ?

Traverser tout Paris pour aller bosser à Creil, ça me rapporte quoi à moi, autant que je donne mon pognon à la RATP, autant faire ça !

... après tout, je fais bosser le gens de l'ANPE...

Tout part dans les taxes !

... rien qu'au prix où est l'essence si c'est un peu loin, payé au SMIC j'y perdrais par rapport à mon RMI...

Au prix où sont les légumes cette année, j'ai plus qu'à fermer.

Je resterais au lit, je gagnerais plus.

Plus je travaille, moins je gagne !

J'y perds !

Dès que tu deviens

J'ai été reçu au RMI !

... **a**utant directement donner l'argent à Juppé.

C'est pas à dix ans de la retraite que je vais commencer à bosser !

Qu'est-ce que tu veux faire avec quatre mille balles par mois ? !

***A**près vingt ans de maison, viré comme un rien du tout !*
– C'est pour ça, moi, je prends ce qu'on me donne et voilà.

En France, dès que tu travailles, t'es étranglé net !

On est la vache à lait nous les automobilistes !

Et si demain ça marche moins bien comment que je le licencierai le jeune que je viens d'embaucher ?

... **j**e prends des petits jeunes au noir, qu'est-ce que tu veux...

... **l**es Japonais sont pas cons, ils travaillent de moins en moins...

Je le vends dix francs, y me reste tu sais combien ? Un franc !

***À** l'époque, le travail c'était quelque chose mais maintenant...*
– T'as mieux de rien faire que d'attendre qu'on te licencie !

Je prends plus les courses en banlieue, avec le retour à vide, j'y suis de ma poche !

... **t**'embauches un gars à quatre mille, c'est simple, ça te coûte huit mille...

... **à** part le bistrot, j'ai pas de loisirs, je peux pas, pas de sous, tu sais combien ça coûte le cinéma ?

***D**ans son resto il refuse du monde, obligé, passé un nombre de clients, t'y perds en taxes de toutes sortes...*
– Vaut mieux gagner moins que plus des fois.
– Ah mais oui, questions des impôts, ça vaut mieux de faire moins de chiffre !

imposable, c'est foutu !

Rien qu'en électricité, je gagne à pas ouvrir le dimanche.

Moi c'est tout de suite que je la veux la retraite, ça coûtera moins cher à tout le monde que si je suis chômeur non ?

Avec deux payes, moi et ma femme et les gosses, deux payes, on crève la dalle...

Cinquante bornes aller, cinquante bornes retour, ça fait cent bornes pour aller bosser, j'ai plus vite fait de pas y aller...

Du travail pour toi, y'en a peut-être à Auxerre.
– Auxerre ! J'ai plus la patience de faire de la route, moi.

Ils veulent plus qu'on bosse et après ils veulent qu'on bosse, faudrait nous dire, merde !

... réduire le temps du travail, et réduire, et réduire, et réduire, après faut pas nous demander de bosser, c'est logique non ?

... moi je me souviens des heures supplémentaires, putain...

... avec ma voiture à moi à la limite je fais des bonnes courses mais dès que je prends le taxi de la compagnie, je roule pour le patron mais moi j'ai quoi ?

À l'Assemblée nationale, si tu crois que les mecs bossent...

Moi je veux bien bosser mais attention, il faut que les autres bossent !

Mon grand-père se levait à trois heures du matin, mon père à six, moi je me lève à huit, mon fils va se lever à dix et son gamin à midi, je sais pas mais en tout cas c'est parti pour ça !

Mitterrand, ils vont lui faire un timbre avec sa tête mais c'est avant que ça lui aurait fait plaisir, quand il était vivant mais maintenant le pauvre...

Les vieux qui parlent au cinéma, je les tuerais !

Elles sont à poil à faire de la publicité et maintenant elles veulent faire de la politique les bonnes femmes, ah, mais faudrait savoir !

... de toute façon, c'est pas conseillé d'aller en voiture à Évry.

Allez au Futuroscope, vous verrez la bulle.
– Ah mais on va y aller à la bulle !

... madame Chirac en mange du filet de poisson, ça se voit tout de suite mais pas lui.

Je veux bien qu'ils mangent à la maison mais ils vont chier chez eux, c'est normal non ? !

Les mecs gagnent plus de fric à faire naufrage avec leur bateau qu'à arriver premier !
– Plus fort que Jules Verne comme idée.

Le rêve polyester !
Pour moi l'amour c'est de la terre !
J'ai fait un rêve polyester !
Yeah yeah oh yeah yeah !

Le Jeu des Mille Francs *ça peut durer deux cents ans, ça se démodera jamais, c'est des questions.*

Tiens... combien le crabe ça a de pattes ?

Ta gueule !

Quatre.

Dix !

Neuf.

Douze.

Six !

Douze !
– Je l'ai déjà dit.

Quatorze.

Vingt-deux !
– Non, sérieusement, combien le crabe il a de pattes ?

Trois bites !

Six couilles !

Seize... huit et huit.

Deux.

Bonne année les branleurs !

Ils l'enlèvent le Louvre, moi ça me manque pas.

T'es bourré, tu peux plus rentrer, tu mets ta balise !

C'est pas parce que t'as la casquette que t'es marin.
– Non mais c'est mieux.

Le premier écologiste, pour moi c'est Tarzan.

... l'Algérie redeviendra française quand il n'y aura plus d'Algériens, ça se fera naturellement, vous verrez...

C'est dur de vivre seul, et en plus dans la cité on est mille.

Il habite une jolie maison.
– Avec sa tête de con ?

Une bombe atomique sur Ajaccio, avec moi ça serait vite réglé !

La bourse de Tokyo, c'est le pied d'argile.

Les marrons glacés on en voit plus, c'est plus la mode ou quoi ?
– La mode ? Elle a autre chose à faire la mode !

Elle est médium de naissance, elle les mérite bien ses lauriers d'or de la voyance.

Tous les ans on découvre des nouvelles étoiles, c'est pas pour ça qu'il y en a plus.

Quand l'Amérique va se réveiller, tu vas voir le bordel !

Arrête un peu ! Il est toujours pendu à mon verre c't'enfant !

La boxe avec les poings c'est de l'art mais avec les pieds en plus ah non, c'est l'araignée ça !

Depuis trente ans que j'habite le quartier, j'y suis allé que quatre fois en face, ici, à la Rotonde, mais en face, que quatre fois en trente ans.
– Bonne année alors ?
– Bonne année.

J'ai de la paresse intestinale.
– Vous y allez quand même ?
– Ah oui, j'ai quand même pas le cul qui dort !

La dinde, c'est encore le mieux.

Ça fait vide sans le sapin chez nous, on dirait qu'on a été saisi.

L'art africain, il est pas plus africain que toi ou moi ! C'est fait en Corée les merdes qu'y te vendent dans la rue.

Qui c'est qui achète de l'art africain ici ?

Les écrivains, c'est pas des cons ces gens-là !

Depuis dix ans que j'habite l'immeuble, comment ça se fait que j'ai pas un double ?

Le Ve siècle avant Jésus-Christ, c'est HIER... hier c'est.

Coordinateur logistique ! Directeur informatique ! Ingénieur brevets ! Ingénieur commercial ! Administrateur de réseaux ! Y'a pas un boulot normal dans ce journal !

L'indice Nikkei, moi je lui renifle sous les ailes si je suis banquier.

Une poule ça comprend rien mais qu'est-ce qu'il y a à comprendre dans un poulailler ?

Y'en a marre de bouffer !

... Si l'eau augmente moi j'en bois plus et je les emmerde.

... elle croyait qu'elle allait avoir la fanfare bretonne, pour qui elle se prend ? !

À l'armée, ils ont droit à sept pour cent de pertes.
– Fais-la déjà toi !

Tu t'abonnes pour un an à un journal ? Si tu crois que tous les jours ça va se passer quelque chose à lire !

... c'est malheureux à dire, mais on en a pas zigouillé assez pendant la guerre d'Algérie...

... c'est malheureux à dire...

Le Perrier citron, seize balles, il était malade !

... elle est
dégueulasse cette
chienne, elle était
dans le jardin
morte pourrie...

Cancéreux depuis 81, il en aura coûté du pognon à la Sécu !
– Il voulait pas qu'on sache alors il devait pas se faire rembourser.
– À moitié mort il s'empiffrait des ortolans servis par des gendarmes.
– Quarante francs le kilo de poireaux !

... le crottin pour mes fleurs je le trouve aux défilés de la garde républicaine...

Cent pour cent d'accord avec toi !

... juste avant de mourir il avait la tête dans un plat avec une serviette dessus !

Les oreilles, ça se lave !

Il ne faut pas systématiser !

Y'a Edern Hallier qui est mort en faisant du vélo.
– Tu parles d'un écrivain...
– Il aurait bien aimé mourir comme Mitterrand, il est mort comme Anquetil !

Fais-toi enterrer avec ton portable, les gens qui savent pas que t'es mort, ça sonnera dans ton cercueil.

Il est mort comme un cheveu sur la soupe.

... il était en roue libre ce mec.

Il avait la même maladie d'œil que Le Pen.

Si on devait faire le bénédicité à chaque apéro !

Demain sera un autre jour !
– Pas sûr.

Y'en a beaucoup des pochetrons qui vont chez le dentiste ?
– Comme dans la vie, la moitié.

Je veux pas qu'on dise dans le quartier que François c'est un enfoiré, c'est pas vrai que j'ai téléphoné depuis la Normandie pour la bonne année ?
– ...
– C'est pas vrai ?
– ...
– Salaud !

Les Américains au moins ils ont le respect du public !

Il veut pas me payer la demi-journée, je pourrais lui pisser à la raie mais je suis trop diplomate.

De Niro, quand il grossit pour un film, c'est à ses frais.

La retraite à cinquante-cinq ans c'est du bidon, personne n'arrivera à cinquante-cinq ans avec un travail maintenant, personne ! Si t'arrives à cinquante ans avec un boulot, tu mérites la médaille !

Tuer sa mère à coups de couteau à sept ans, c'est une forme de génie.

Six à un contre le PSG ! T'as vu la branlée ?
– Ils sont trop nourris, trop de fric à Canal.

Si t'es pédé tu le dis toi ?
– Non... et je le suis pas en plus !

Il sait ni lire ni écrire, c'est pour ça qu'il donne des bons coups de boule.

Je me suis réveillé à une heure du matin ! Heure française !

Bonjour Pierrot.
– Good morning !
– Tu me parles pas anglais ! Tu me parles auvergnat si tu veux mais pas anglais ! Je suis pas la vache folle...

Un film qui est bien c'est Microcosmos, *il n'y a pas des acteurs qui parlent, c'est des insectes.*
– Les acteurs qui parlent, moi ça me saoule.

La cigarette du condamné, aux États-Unis, ça va être supprimé.
– Peine de mort non-fumeur !

Les pédophiles tu les trouves là où y'a des gosses, c'est là qu'il faut chercher, pas au bistrot, c'est interdit aux moins de seize ans.

C'est un connard ! Il dit que des conneries ! Dans le quartier tout le monde répète les conneries qu'il dit ! C'est un connard, tout le monde pioche dedans !

... en allant à Roissy je me suis perdu... comment dire ? ... une ou deux fois...

Les cendriers c'est quand même bien pour mettre la cendre, c'est creux.
– Tu dis ça à neuf heures du matin ?

Brive Brive Brive ! Allez Brive Brive Brive !

La retraite à cinquante-cinq ans ! Mais à cinquante-cinq ans on est en pleine forme !
– C'est bien pour ça.

T'as toujours contesté la nécessité de l'expression radicale de la modernité !
– Moi ? Pas du tout !
– Ho les clowns, du calme là !
– T'as toujours refusé la diversité des expressions culturelles !
– Moi ? Pas du tout !
– Ho les tantouses, ça suffit là !

Le plus dangereux pour la santé, c'est encore la vie...

On ne rigole pas avec l'océan !

T'en as une belle cigale !
– C'est une cliente qui m'a offert ça, c'est fabriqué à Aix-en-Provence.
– Dans le Sud ?
– C'est en plâtre.
– Dommage que ça chante pas.
– Dans la tête, quoique en ce moment, les cigales dans la tête c'est en berne.
– Elles ont les ailes mouillées.
– Pour les voir les cigales, faut se lever de bonne heure.
– Il faut du soleil au contraire.
– Je te sers quoi ?
– Un demi.
– En berne elles sont.
– T'es pas bien rose aujourd'hui ?
– Vivement la retraite qu'on aille au soleil !
– Tu veux l'adresse du cimetière ?
– Cinquante-cinq ans le pauvre, pile, et il disparaît, tu te fais chier toute ta vie pour mettre de l'argent à gauche et quand c'est la retraite, c'est la tuile.
– Il était à l'hosto à Tours.
– Tours, je sais.
– En Touraine, y'a pas de cigales si c'est ça que tu veux savoir.
– Y'a pas de cigales à Tours... heureusement qu'il les avait dans la tête les cigales, elles sont en berne, qu'est-ce que tu m'as demandé ?
– Un demi.
– Ah oui un demi, excuse-moi.

La bande dessinée qui me plaît à moi c'est la bande dessinée qui me fait voyager vers d'autres mondes.

1789 ? C'est pas une date ça ?

Demande-moi l'heure qu'il est.
– Quelle heure il est ?
– Onze heures et quart, j'ai un réveil mental.

T'en trouveras pas des nitrates là-dedans !

Le Ricard, le soir.

... le conflit des générations, nous à la maison on ne sait pas ce que c'est !

C'est pas bon d'être un brouillard isolé quand je roule avec les phares du camion !

... **C**'est moi qui te le dis !

... **à** part Shakespeare, j'en vois pas d'autre qui est compliqué comme ça.

J*e sais même plus ce que j'ai fait hier.*
– Vaut mieux !

Tu reviendras me parler quand tu seras intelligent !

À *coups de hache en Algérie !*
– Moi ça ne m'étonne pas, au Zaïre c'est pareil.

E*lle a traversé le pôle à pied.*
– La mienne, ça fait vingt ans qu'elle sort pas du frigo.

T*'aimes la science ?*
– Je suis pas malade !

D*ans* Microcosmos *t'en as un.*
– ?
– Le film sur les insectes.
– Ça m'étonnerait, y'a pas un cafard d'ici qui a fait du cinéma !

S*alut Colonel ! T'es là bien tôt ! T'as pas dormi ?*
– Je vais à un enterrement.
– Dis pas ça, t'es en pleine forme.
– Pas le mien !
– Je te bisque.
– Et ma côte ?
– Une côte pas fraîche.
– Tiède !
– Pour le colonel pas mort.
– Vivant !

... Un trompettiste dans un immeuble, je n'en ai vu que au cinéma.

Encore au boulot ?
– Les pieds c'est fait pour la promenade sinon je vois pas pourquoi c'est fait !
– C'est pas un reproche.

Sois prudent.
– T'inquiète pas, j'ai mes yeux pour conduire.

Salut Kung Fu ! Ça va ? T'es tout jaune ce matin !

Là où Napoléon allait se baigner, maintenant c'est du ski nautique.

Juppé, plus un point dans les sondages.
– C'est facile pour qu'il monte, faut lui souffler dans le cul.

Habiter sur la lune, c'est quasiment fait.
– Habiter là-bas ou ailleurs...

L'indépendance de la justice, quand tu vois les robes qu'ils mettent, t'as tout compris...

La justice anglaise c'est pas mieux, ils ont des perruques de pédés !

La Pyramide du Louvre, la Grande Bibliothèque, au final Mitterrand aura laissé que du verre !

Banco de Rogdan.
– Non.
– Bivanito.
– Non.
– Eliseo.
– Non.
– Diane bleue.
– Non.
– Extra Tilly.
– Non.
– Capella des prés.
– Non.
– Espérance ludoise.
– Non.
– Fort Knox.
– Non.
– Gigolo du Menhir.
– À la rigueur oui...

Les gens qui regardent dans le mouchoir après qu'ils se mouchent, c'est des profs.

Tu vas au bureau ?
– D'abord à Inno.

Ça me fait travailler intellectuellement, c'est pour ça que j'y vais au yoga à Melun.

J'aime pas l'été, d'ailleurs faut tout le temps faire les carreaux.

C'est le cerveau qui fabrique la mémoire, parce que sinon, y'a rien à se rappeler.

Le poisson est pas si con que ça, il pense sous l'eau.

Toutes ces cigarettes que t'auras fumé dans ta vie, ça va te faire un cancer dans les feux de la rampe !

Vous êtes mort et tout est dépeuplé, proverbe de moi !

On meurt quand on nous le dit ! maintenant on meurt plus vieux ! c'est même marqué dans le journal !

J'ai mon beaujolais qui vient de la coopérative.
– Vous êtes bien organisé.
– J'y gagne vous savez.
– À chaque fois je me dis, il faut que j'aille en chercher aussi à la coopérative et chaque fois je me débrouille autrement.
– C'est pas plus compliqué qu'autre chose la coopérative.
– Je sais, mais il est grand ce bâtiment.
– C'est quand même pas le château d'eau !

Dans l'opinion publique, vous m'y verrez jamais ! Je reste chez moi !

Sa mère, elle a la maladie de la mémoire.
– Moi la mienne elle continue de me faire chier avec des trucs que j'ai fait à cinq ans ! alors à la limite...

Avec Alzheimer, tu te torches le cul, tu crois que tu te fais les cils !
– C'est pas terrible pour une femme.

La mode c'était le sida, maintenant c'est Alzheimer.
– Putain, je préfère la mini-jupe !

C'est pas de la gnognote une symphonie.

Les symphonies, quand t'as fini d'en écrire une, t'as envie de souffler avant d'en écrire une autre !

Il gagnait sa vie en tirant des feux d'artifice, alors tu parles que pour lui la retraite elle est triste.

Rebelote et dix de der !
– Cocu.

Les gendarmes sont commandés, ils ne font pas les trucs comme ça, on leur dit allez au bois de Chitry ils vont là-bas.
– Ils viennent me chercher, là-bas y'a que deux maisons.
– T'étais pas en règle ?
– Mais si j'étais en règle ! j'avais juste un coup dans le nez.
– Ça suffit pour eux !
– Si on en est là...

... y'a pas de fumée sans feu.

En France plus personne veut bosser à part les chômeurs !

C'est quand les feuilles des arbres ?
– Printemps.
– Pas avant ?
– Tu t'ennuies ? Range-moi les tables.

Non ! non ! non ! Je viens de laver !

Tu la veux la Corse ? Je te la laisse !

Le brochet est loyal mais la perche, la perche, c'est une salope !

La religion n'a plus de sens à mon sens.
– Moi j'habite à côté de l'église, je ne veux pas en parler !

C'était pas prévu que tu viennes.
– Ho ! Du prévu, trouve-m'en !

Ni en bien, ni en mal !

Si je m'écoutais, j'aiderais tout le monde ! Ah non je ne m'écoute pas, vous vous écoutez ils vous tombent sur le portefeuille ! Une fois j'ai failli m'écouter, vous auriez vu les yeux des vautours ! Est-ce qu'ils m'écoutent eux ! J'ai encore mal au genou par exemple, qui c'est qui me le paye mon genou ?

La grosse ampoule ronde, ça te fait une lumière qui est à la retraite.

Beaubourg ? Que du bric-à-brac !

Les repas de famille au début ça va mais à la fin, c'est vraiment de l'accouchement par-derrière !

Dix siècles d'art khmer au Grand Palais ? Au Grand Palais ? Combien vous dites ? Ça m'étonnerait !

L'art ! Normalement t'as pas besoin de dire d'où il vient l'art ! L'art khmer ? Il est louche ton art mon pote.

Ils démontent des châteaux pour les reconstruire plus loin, faut le faire quand même ! Pierre par pierre !
– Tu me verrais au garage, c'est pas mal non plus.

... On est allé à la Galerie des glaces, que des familles moches dans les glaces.

Tu parles !
– T'y connais rien...
– Et toi !
– Je te parle pas de ça.
– C'est pareil, tu veux en venir où ?
– Pas du tout, je veux en venir nulle part.
– J'ai horreur de ça.
– Alors emmerde pas ce que je dis.
– Tes idées ! Quelle idées ?
– T'es trop con !
– Gueule pas !
– Je gueule pas.
– Je te préfère quand tu parles de rien, franchement !
– Ça m'étonne pas de toi.

Tous les jours il faut que je sache ce qu'on va manger le soir ! Depuis l'âge de quatorze ans ! Même Chirac à l'Élysée c'est pas lui qui fait ça.

Elle avait ses cheveux comme un oiseau.
– ?
– Sur la tête.

... avec des températures comme on en a eu, la mésange n'a pas la carrure.

Un très grand danseur qui part de là pour aller là en dansant, il ferait mieux d'y aller à pied.

Et votre fiston ?
– C'est de l'histoire ancienne, il est marié il est routier.
– En effet !

Je ne sais pas si c'est un fait exprès mais je n'ai jamais pris l'avion et vous avez vu, ça n'arrête pas de tomber.
– Non, y'a pas de rapport.
– J'ai de la chance je veux dire.
– Si vous montez jamais dedans c'est pas de la chance !
– Oui mais...
– Oui mais non.

La mode, le lendemain c'est fini.

J'aime pas tous les trucs médiatiques, tenez d'ailleurs regardez, je n'ai même pas une photo de ma femme dans mon portefeuille.

Mesrine, ça c'était un mec, il avait des grenades quand il s'est fait buter, il s'est pas rendu comme la fiote, même Broussard il a dit que Mesrine c'était un vrai, Tapie ? ma femme elle lui met les pinces, ma femme !

En prison le Tapie !
– Tu vois, je te l'avais dit.

... les cols blancs, on leur donne des cellules propres.

Il a le numéro 265449 G.
– Deux plus six, huit, huit et cinq treize, treize plus quatre dix-sept plus quatre vingt et un plus neuf, trente... c'est quoi le trente comme département ?

La prison, faut bien que ça serve à quelque chose...

C'est un vrai personnage de roman.
– Moi je m'en fous, je lis pas de livres.

Tapie, je dis, il ne faut pas s'acharner sur lui, ni plus ni moins la justice que les autres.

... la semi-liberté, tu sors le jour et tu te fais chier chez toi la nuit, je connais, je fais ça tous les jours.

Tapie tu le voyais à la télé, le lendemain tu l'as devant toi qui bouffe sa soupe...

Ils vont le mettre à poil, ah si quand tu rentres en prison on te fouille à poil ! Tu te penches et on te regarde dans le cul ! Ah si !
– Un mec que tu lui as regardé dans le cul après il peut plus te regarder dans les yeux.

Mitterrand à Vichy et Tapie en prison, eh ben dites donc, les années Mitterrand... eh ben dites donc...

La justice indienne, là ça rigolait pas !

Moi je le connais pas alors...

... Combines... il a été lâché... meurtre politique... gros poisson... il en savait trop... il aurait pu faire sauter qui il voulait... la mafia... Mitterrand... les nazis... tout ça... houla !

Ils l'ont mis dans une cellule de neuf mètres carrés.
– C'est la taille des chiottes en or sur son yatch, il sera pas dépaysé.

C'est une sorte de Robin des Bois.
– Pour ça faudrait qu'il s'évade, sinon c'est un mec qui est en taule comme les autres...

Vous vous souvenez les *Rois Maudits* avec Jean Piat ? C'est le même bordel.

••• Sa cellule est grande comme ma cuisine, c'est comme s'ils l'avaient enfermé dans ma cuisine, y'a pas de quoi hurler...

••• elle est très bien sa cuisine.

••• bien sûr c'est une cuisine.

••• c'est une cuisine normale.

••• même mieux que normale.

La mafia viendra l'aider.
– La mafia, elle a autre chose à faire.

Il a des murs roses !

••• On pourrait même y mettre deux taulards dans sa cuisine.

••• On pourrait même y mettre deux prisonniers dans ma cuisine puisque j'y mange avec mon mari.

••• C'est ce qu'elle a dit.

••• C'est ce que je viens de dire.

Il va se branler, en prison tout le monde se branle.

Tu parles d'un taureau ! En cinq ans il est au bercail le mec.

Pour les matons c'est bien, ça leur change...

... **U**n sac plastique dans un arbre en face de chez mon frère, il est là depuis qu'ils habitent le pavillon, même peut-être il restera que eux ils auront déménagé à cause de sa femme, elle s'ennuie, évidemment ! c'est un village qui a pas de commerces, elle a qu'à monter dans l'arbre, ça va l'occuper !

Il ne parle que de sa bagnole !
– Eh ben ?

C'est la vie qui m'a usé.
– La vie ? La vie ? L'eau-de-vie oui !
– C'est la vie qui m'a usé.
– Mouche-toi, t'as un ortolan.

Je suis pas pour la peine de mort mais des fois, tu vois de ces boudins.

Moi je le fais l'amour, et moi je n'en parle pas des heures !

On ne peut pas savoir le nombre de vrais Français, il n'y a pas toujours eu des mairies.

C'est fait, Veronika a dit oui à Robert.

L'inaccessible étoile ! comme il dit l'autre con.
– Jacques Brel.

... Ce que t'oublies, c'est le conflit Vatican II...

La compote de crabe, cherche pas loin, c'est anglais.

Il en faudrait plus des gens comme vous !

Les Américains savent pas où est la France, pour eux on est comme l'Égypte pour nous si tu veux...

Bling! biding!
bing! bing! bing!
bing! bling!
biding biding!
biding bing
biding! bling
biding bing bing
bing bing bing!
biding biding
biding bing
biding! bling bling
bling bling!
– Pas de mal?
– Même pas cassée
dis donc!

Les hommes et les femmes qui font le même travail et qui gagnent pareil d'accord c'est bien mais qui c'est qui est l'homme alors hein c'est qui?
– Moi non je ne suis pas d'accord, la femme c'est la femme.
– Attention! Je suis d'accord, mais par principe, sinon t'as raison aussi et moi non plus, je ne suis pas d'accord comme toi.
– Parce que après, c'est qui l'homme?
– Absolument!
– Le même travail mais pas la même paye puisque de toute façon on se lève plus tôt nous.
– L'autre elle arrive à midi à cause des gosses on va pas non plus lui donner la paye du Loto!
– Le principe est bien.
– Tous les principes c'est bien, mais la vie attention la vie, c'est pas des principes, c'est la vie...
– De tous les jours.
– Exactement!

Ils sont à qui ces gâteaux? Personne? Qui c'est qui avait ses gâteaux? Qui c'est qui recevait de la famille?

J'ai des taupes dans le jardin, je me plains pas, y'a des pays ils ont des mines.

La sagesse orientale, c'est bien, mais il faut quand même que les usines elles tournent aussi! Sinon c'est fini!

La responsabilité de l'Occident? Quelle responsabilité de l'Occident?!

Ben merde!

Les Coréens, alors ceux-là faut les surveiller!

... ils vont nous bouffer tout crus.

... pire que les Chinois.

... les Chinois, ils ont une morale mais les Coréens...

Le dernier homme qui a été mangé par un lion c'est Jacqueline Dulac.

La mauvaise haleine c'est le pire contre la séduction, c'est le résultat d'un sondage d'un journal que...
– Un sondage ?
– Oui.
– Dans quel journal ?
– Un journal.
– C'est du bidon.
– Un journal féminin.
– Encore plus bidon !
– Je l'ai entendu à la radio.
– À la radio ?
– Le matin.
– Quelle radio ?
– À l'épicerie, on en a parlé même.
– Avec l'épicière ?
– Tu la connais d'ailleurs.
– Elle dit n'importe quoi celle-là ! Elle raconte partout qu'elle avait un tabac avant !
– Elle avait un tabac avant.
– C'est du bidon !
– Dans le Beaujolais.
– Et elle vient nous faire la morale sur la mauvaise haleine !

Dans plusieurs années la moustache peut-être ça sera du musée.
– Pas la moustache.

Les cons ? Moi c'est au vin !

Je dis pas du mal des Noirs, y'a des cons partout, c'est tout.

J'ai pris ce train à cause du wagon bar et y'en avait pas alors j'ai demandé et le contrôleur m'a dit que c'était une illusion d'optique sur le panneau... ?... t'es au courant de ça toi ?... sur l'affichage... ?... c'est quoi ce cirque encore ?

Bouge de là !

On va chez lui pour bouffer, il nous fait faire les douze travaux d'Hercule !

Demain et mercredi...
– Le jour où ils seront pas en grève ceux-là !

Des gros nuages comme ça qui donnent ces petites pluies, en France on a même le ciel qui vieillit !

Tapie, c'est l'idole de mon fils qui à neuf ans.
– Et vous le laissez faire ?
– Son père est parti.
– Et il a choisi Tapie ?
– Qu'est-ce que vous voulez que j'y fasse, je ne vais pas porter plainte !
– Et si il se met à voler ?
– Alors là ça changera !

Pourquoi Tapie il a pas fabriqué des petits Tapie en caoutchouc ?
– Va lui dire !
– Il aurait gagné des sous, des petits Tapie comme ça, y'avait Chouchou à l'époque, tu te souviens Chouchou ? à l'école de mon môme ils en auraient tous acheté !

Tout ce qu'il lui reste à Tapie c'est voler des casquettes !

C'est la fin des temps modernes qu'on vit !

... Tapie en forme de capote...

... Si ça se trouve il y est même pas en prison, tout ça c'est des magouilles...

Le pâté en croûte c'est le cheval de Troie.

La terre disparaîtra, les scientifiques le disent et le redisent !
– Le disent d'accord mais le redisent quand même pas non plus...

Des vrais Français en France, combien y'en a, des vrais, depuis le début de la France ?
– Depuis les Romains, j'en sais rien.

Mais je danse aussi avec l'autre génération vous savez !

Shakespeare ? Comme Hamlet à la poste !
– À la porte.
– À la poste !

C'est sur les gens de la télé qu'il faudrait tester les médicaments, comme ça on verrait les résultats à la télé, plutôt que faire ça dans des laboratoires où on sait jamais rien puisque c'est secret...

J'emmène le gosse à la Cité des Sciences voir le fonctionnement du cerveau.
– Tu nous raconteras.

Trente kilomètres de Clermont-Ferrand ? Je connais mais là je vois pas.

Il est pareil que les autres PPDA, il s'en met plein les poches et il a bien raison !

... du jour au lendemain il a arrêté de travailler et il s'est mis à habiter dans le porte-monnaie de Gégène...

C'est une armoire avec une tête de mouton sur la porte, il lui manque que la parole à cette armoire.

Le marron glacé, il est pas plus froid que mes couilles, c'est un nom comme ça.

... quand c'est labouré, je me fous du reste, je suis rassuré...

Y'a pas que des vieux au Front national, y'a des jeunes, le jeune de la télé qui a des lunettes, Karl Zéro, il y est, ils l'ont dit...
– On l'a vu avec sa maman une fois, il va à l'église.

On t'a attendu tout hier après-midi pour jouer aux cartes !
– Heu...
– T'étais ivre mort devant ta télé !
– Pas du tout ! Je dormais !
– C'est ta femme qui nous a dit, t'étais ivre mort tu ronflais devant ta télé !
– Qu'est-ce qu'elle y connaît quand je suis saoul elle ? Elle est honoris causa ?

... une fois de plus !

Les chorales, derrière ils sont maigres et devant ils sont gros, toujours comme ça les chorales.

Le temps qu'il est dans son verre, tu le ferais parler dans un micro t'aurais des heures de bande !

Pour manger du boudin avec du chablis elle est forte mais pour aller chercher les gosses à l'école plus personne !
– C'est mieux que le contraire remarque...

Le rouge-gorge a son territoire et il ne faut pas empiéter sur son territoire sinon...
– Sinon quoi ?!
Sinon RIEN !

Il va se faire soigner son côlon en bus jusqu'à Villejuif.
– Il a pas son permis ?

... je vais reboire un coup... parce que y'a du soleil.

Ouf ! C'est pas encore aujourd'hui que chr'a mort !

Vous me rappellerez que j'ai une belle nature morte pour vous, madame Corian, mes hommages, à demain...

... il lui a peint une pomme dans son coin...

... il essaie de se faire payer un coup...

... c'est de bonne guerre pour un peintre...

... du quartier !

Y'a deux minutes qu'il est parti pas plus ! si vous marchez vite vous pouvez le rattraper...
– Un demi.

On est chef d'orchestre ou on ne l'est pas !

Voilà une affaire rondement menée !

On ferme !

Ben et nous ? On est transparents nous ?

On ferme !

Tu me tues à fermer comme ça tout le temps !

On ferme !

J'avais demandé un demi je l'ai pas eu !
– Tu l'as eu.
– Je l'ai pas eu !
– Tu l'as eu.
– Qui c'est qui me l'a bu mon demi ? C'est pas moi ! Je l'ai pas eu !
– Tu l'as eu.
– Je l'ai pas bu !
– Tu l'as bu.
– Bistrot de menteurs ici !

On ferme !

Qui c'est qui ferme ?

On ferme !

Sur la place c'est encore ouvert !

On ferme !

On ferme !

J'ai rêvé à un étang gelé.

On ferme !

T'en as pas marre de fermer tous les soirs ?
– Ah non ! C'est d'ouvrir le matin !
– C'est ça qui va plus en France !

J'ai pensé à une cireuse à chaussures.

On ferme !

J'ai cru que j'allais y passer en touchant le fil de la machine à laver !

On ferme !

J'ai jamais rien vu de pareil au cinéma !

Marilyn Monroe c'est pas un bon coup, elle est recousue de partout !

On ferme !

Derrière l'église c'est encore ouvert. – Je suis pas le pape !

... le fœtus est plus proche de l'animal que de l'homme.

... c'est un petit animal en fait.

On ferme !

... à une semaine il est même pas formé.

J'ai eu mal aux dents, mais ce qui s'appelle mal aux dents !

... à une semaine il est un animal même pas formé !

On ferme !

J'ai pris trois fois du hachis.

... je le sais, j'en ai eu.

On ferme !

... De Gaulle il a été pareil, fœtus.

J'ai remis la tournée mais le beau-frère, rien !

... tout le monde y passe.

On ferme !

Dehors ou je me fâche !
– C'est toujours le patron qui veut fermer.
– T'as qu'à devenir patron !

J'ai pas pensé à mal.

On ferme !

J'ai fait plastifier ma carte d'identité, comme ça c'est fait.

Le cinéma, si ça parle...
– C'est comme le restaurant pour manger un bifteck-frites, autant le manger chez soi.

C'est une aberration sportive de mettre Perpignan contre Dijon !

Vous avez un chien ? Première nouvelle ! Et moi qu'est-ce que j'ai alors ?

On ferme !

Le ciel est bleu ! la mer est verte ! tu prends mon cul pour une trompette !

Quand je pars d'ici je pisse toujours au pont du TGV, c'est mon coin.

ON FERME !

L'homme a pas les nichons de la femme.

On ferme ! On ferme ! On ferme ! On ferme ! On ferme !
On ferme ! On ferme ! On ferme ! On ferme ! On ferme !
On ferme ! On ferme ! On ferme ! On ferme ! On ferme !
On ferme ! On ferme ! On ferme ! On ferme ! On ferme !
On ferme ! On ferme ! On ferme ! On ferme ! On ferme !
On ferme ! On ferme ! On ferme ! On ferme ! On ferme !
On ferme ! On ferme ! On ferme ! On ferme ! On ferme !
On ferme ! On ferme ! On ferme ! On ferme ! On ferme !
On ferme ! On ferme ! On ferme ! On ferme ! On ferme !
On ferme ! On ferme ! On ferme ! On ferme ! On ferme !
On ferme ! On ferme ! On ferme ! On ferme ! On ferme !
On ferme ! On ferme ! On ferme ! On ferme ! On ferme !
On ferme ! On ferme ! On ferme ! On ferme ! On ferme !
On ferme ! On ferme ! On ferme ! On ferme ! On ferme !
On ferme ! On ferme ! On ferme ! On ferme ! On ferme !
On ferme ! On ferme ! On ferme ! On ferme ! On ferme !
On ferme ! On ferme ! On ferme ! On ferme ! On ferme !
On ferme ! On ferme ! On ferme ! On ferme ! On ferme !
On ferme ! On ferme ! On ferme ! On ferme ! On ferme !
On ferme ! On ferme ! On ferme ! On ferme ! On ferme !
On ferme ! On ferme ! On ferme ! On ferme ! On ferme !
On ferme ! On ferme ! On ferme ! On ferme ! On ferme !
On ferme ! On ferme ! On ferme ! On ferme ! On ferme !
On ferme ! On ferme ! On ferme ! On ferme ! On ferme !
On ferme ! On ferme ! On ferme ! On ferme ! On ferme !
On ferme ! On ferme ! On ferme ! On ferme ! On ferme !
On ferme ! On ferme ! On ferme ! On ferme ! On ferme !
On ferme ! On ferme ! On ferme ! On ferme ! On ferme !
On ferme ! On ferme ! On ferme ! On ferme ! On ferme !
On ferme ! On ferme ! On ferme ! On ferme ! On ferme !
On ferme ! On ferme ! On ferme ! On ferme ! On ferme !
On ferme ! On ferme ! On ferme ! On ferme ! On ferme !
On ferme ! On ferme ! On ferme ! On ferme ! On ferme !
On ferme ! On ferme ! On ferme ! On ferme ! On ferme !
On ferme ! On ferme ! On ferme ! On ferme ! On ferme !
On ferme ! On ferme ! On ferme ! On ferme ! On ferme !
On ferme ! On ferme ! On ferme ! On ferme ! On ferme !
On ferme ! On ferme ! On ferme ! On ferme ! On ferme !
On ferme ! On ferme ! On ferme ! On ferme ! On ferme !
On ferme ! On ferme ! On ferme ! On ferme ! On ferme !

On ferme ! On ferme ! On ferme ! On ferme ! On ferme !
On ferme ! On ferme ! On ferme ! On ferme ! On ferme !
On ferme ! On ferme ! On ferme ! On ferme ! On ferme !
On ferme ! On ferme ! On ferme ! On ferme ! On ferme !
On ferme ! On ferme ! On ferme ! On ferme ! On ferme !
On ferme ! On ferme ! On ferme ! On ferme ! On ferme !
On ferme ! On ferme ! On ferme ! On ferme ! On ferme !
On ferme ! On ferme ! On ferme ! On ferme ! On ferme !
On ferme ! On ferme ! On ferme ! On ferme ! On ferme !
On ferme ! On ferme ! On ferme ! On ferme ! On ferme !
On ferme ! On ferme ! On ferme ! On ferme ! On ferme !
On ferme ! On ferme ! On ferme ! On ferme ! On ferme !
On ferme ! On ferme ! On ferme ! On ferme ! On ferme !
On ferme ! On ferme ! On ferme ! On ferme ! On ferme !
On ferme ! On ferme ! On ferme ! On ferme ! On ferme !
On ferme ! On ferme ! On ferme ! On ferme ! On ferme !
On ferme ! On ferme ! On ferme ! On ferme ! On ferme !
On ferme ! On ferme ! On ferme ! On ferme ! On ferme !
On ferme ! On ferme ! On ferme ! On ferme ! On ferme !
On ferme ! On ferme ! On ferme ! On ferme ! On ferme !
On ferme ! On ferme ! On ferme ! On ferme ! On ferme !
On ferme ! On ferme ! On ferme ! On ferme ! On ferme !
On ferme ! On ferme ! On ferme ! On ferme ! On ferme !
On ferme ! On ferme ! On ferme ! On ferme ! On ferme !
On ferme ! On ferme ! On ferme ! On ferme ! On ferme !
On ferme ! On ferme ! On ferme ! On ferme ! On ferme !
On ferme ! On ferme ! On ferme ! On ferme ! On ferme !
On ferme ! On ferme ! On ferme ! On ferme ! On ferme !
On ferme ! On ferme ! On ferme ! On ferme ! On ferme !
On ferme ! On ferme ! On ferme ! On ferme ! On ferme !
On ferme ! On ferme ! On ferme ! On ferme ! On ferme !
On ferme ! On ferme ! On ferme ! On ferme ! On ferme !
On ferme ! On ferme ! On ferme ! On ferme ! On ferme !
On ferme ! On ferme ! On ferme ! On ferme ! On ferme !
On ferme ! On ferme ! On ferme ! On ferme ! On ferme !
On ferme ! On ferme ! On ferme ! On ferme ! On ferme !
On ferme ! On ferme ! On ferme ! On ferme ! On ferme !
On ferme ! On ferme ! On ferme ! On ferme ! On ferme !
On ferme ! On ferme ! On ferme ! On ferme ! On ferme !
On ferme ! On ferme ! Merde à la fin ! On ferme, j'ai dit !

Oui ben ça y est on a compris !

... et le café ferme...

Les mots s'envolent. Le bordel reste. Le patron passe derrière son comptoir en tournant autour de sa main posée à plat sur le zinc. Il entend que ça parle encore dehors, sur la place, au pied du monument aux morts, il jette un œil par-dessus le rideau, ça bavarde encore sous l'éclairage public, le Poilu à la lune sur son casque, il plante devant sa baïonnette de pierre. Le patron cherche à reconnaître ces voix qu'il connaît par cœur mais les voix finissent par s'éloigner et disparaître. Une portière de voiture claque. Une autre, plus lourde, une porte de coffre sans doute. Un break démarre. Il klaxonne en passant devant le café. Le patron lève le bras. Dernier salut. Des pneus crissent dans le gravier devant la Mairie. Puis plus rien. Le silence. D'un coup. L'air se vide et meurt comme après le passage des grues. Le patron mal à l'aise plonge ses mains dans l'eau et fait des gros bouillons. Joli bruit. Fait claquer le torchon. S'essuie. Tousse. Se mouche. C'est l'heure où il traîne les pieds. Ce bruit le porte tout droit jusqu'au fond de la salle – là où il a fait installer un billard – Il s'étire sur la pointe des sandales pour atteindre le bouton et il allume la télé fixée là-haut dans le mur pour pas que les jeunes triturent les chaînes. Le silence tombe à genoux et prie comme sur la place on a vu prier la jeune femme du Poilu en pierre. Le patron se sent lieux. La télé lui fait du bruit, c'est bon dans les oreilles. La télé, comment dire, est son dernier client. À cette heure-ci, l'homme, la machine c'est du pareil au même ! Des mots et des mots encore des mots comme dit la chanson ! Puis le patron rasséréné commence à balayer son grand café tout sale. Un coup ici. Un coup là. Il pousse devant lui le petit tas. Mégots ! Morpions ! Black-Jack ! Tac-O-Tac ! Le patron a encore un peu vieilli aujourd'hui, mais c'est comme tout le monde ! Il fait des zigzags avec son balai. Quand il balaie il rajeunit ! La télé lui pose une lumière sur le haut du crâne un peu comme la lune, qu'on voit parfois à la télé, sur la tête du Poilu ! *Quel sens y a-t-il à inventer quelque chose ?* dit la télé, *à le poser là où il n'y avait rien ? Que pouvait-on voir dans cette partie de l'espace où apparut la Danaé du Titien ?* Alors le patron arrête de balayer et fixe la télé qui parle, la pointe du manche de bois contre son menton. *Que pouvait-on sentir dans le vide que ce nu féminin est venu remplir ? Peut-on croire à une prédestination de l'espace ?* Le patron regarde autour de lui son café enfumé, les mégots sur le sol et les chaises mal rangées, les verres des jeunes encore sur les tables près de la musique. *Était-il inscrit*, continue la télé, *qu'à cet emplacement vide dût apparaître précisément ce tableau mythologique ? Pourquoi pas un portrait du pape ou une Vénus ?* Pourquoi pas ! reprend le patron, c'est vrai pourquoi pas ! Il a toujours son menton appuyé sur le manche de son balai et le bout de ses chaussures dans le petit début du tas de balayures, il regarde, il écoute et il tangue un peu, il a trinqué une, deux, trois, quatre, sept fois ! *Que voyait-on*, dit la télé, *avant que le tableau ne s'interpose entre le monde et l'œil ? Dans quel monde allait plonger Van Gogh quand lui poussèrent devant les yeux en manière de haie quelques fleurs ? Dans quelle vertigineuse lumière ? Dans quel fantastique bouquet ? Que trouvait-on à cet endroit de l'espace, à ce moment du temps, où Van Gogh peignit des fleurs ? Que cachent-elles à ceux qui arrivent trop tard, c'est-à-dire une fois le tableau fait, une fois l'ouverture masquée par la toile, comme une vitre brisée masquée par un bout de carton ?* Le patron se retourne. Il l'a sur son mur le tableau de Van Gogh ! Le tableau dont la télé parle, les fleurs qui cachent ! Il s'en approche. Le regarde. C'est une reproduction sous verre achetée au marché. Il la décroche prudemment et regarde le mur. Il la raccroche. La reproduction balance un temps et s'immobilise. Le patron va vers la télé qu'il éteint. Puis il se remet à balayer. Il sourit. Regarde les fleurs. Et dit, demain, ça va causer peinture !

Gourio

willem

willem

À suivre...
1998...
1999...
2000 !

Conception graphique : Blandine Jeanroy, Philippe Delessert
Réalisation : Blandine Jeanroy
Dessins : Willem
Photo : Xavier Lambours
Photocomposition : Nord Compo

Impression réalisée sur CAMERON par
BRODARD ET TAUPIN
La Flèche

pour le compte des Éditions Michel Lafon
en mars 1997

Imprimé en France
Dépôt légal : avril 1997
N° d'impression : 6742R-5
ISBN : 2-84098-258-7
50-1555-7
ML 429